Kulinarische Streifzüge durch Skandinavien

Renate Kissel

Kulinarische Streifzüge durch Skandinavien

Mit 113 Rezepten
exklusiv fotografiert
für dieses Buch
von
Hans Joachim Döbbelin

SIGLOCH
EDITION

Zur Abbildung auf Seite 2:
Skandinavien – Land der Mitternachtssonne, der unendlichen Wälder und tausend Seen. Von den sanften Ebenen Dänemarks, der malerischen Schärenwelt Schwedens und der schimmernden Seenlandschaft Finnlands bis zu den schroffen Steilhängen der norwegischen Westküste läßt sich kaum eine abwechslungsreichere Landschaft vorstellen. Von dieser großartigen Natur zeugt auch der Næröyfjord, einer der schönsten norwegischen Fjorde.
Rechts: Die finnische Seenplatte im Licht der Mitternachtssonne.

Reproduktion: PHG Lithos, Martinsried
Satz: Setzerei Lihs, Ludwigsburg
Druck: Erasmusdruck, Mainz
Papier: 135 g/m² BVS der Papierfabrik Scheufelen, Lenningen
Bindearbeiten: Sigloch Buchbinderei, Künzelsau
ISBN 3-89393-022-1

Im Land der Mitternachtssonne

Wer hat nicht schon einmal davon geträumt, an einem Lagerfeuer vor einer einsamen Hütte in Skandinavien zu sitzen? In den unermeßlichen Wäldern des Nordens oder an einem der stillen Seen? Und beim Braten des selbst geangelten Fisches das Schauspiel des Sonnenuntergangs mit seiner Farbenpracht zu genießen, eines Sonnenuntergangs, der auf diesen Breitengraden keine große Eile zeigt?

Wer Skandinavien kennenlernen will, wird schnell bemerken, wie tief noch heute in diesen Ländern alte Traditionen und Bräuche verwurzelt sind.

Besonders deutlich läßt sich das an den Eßgewohnheiten ablesen. Die skandinavische Küche nutzt seit eh und je Produkte der heimischen Natur. Wildbret von Elch, Ren, Schneehase und Schneehuhn sowie Lachs, Hering, Forelle, Hummer, Austern, Muscheln und Krebse sind keine seltenen Spezialitäten auf nordischen Tischen. Trotzdem muß man die skandinavische Küche eher als schlicht, dafür aber als um so herzhafter und unverfälschter bezeichnen.

Eine kulinarische Reise durch Skandinavien wird so zu einer Entdeckungsfahrt ganz besonderer Art.

Die Skandinavier sind ausgesprochen naturverbunden und leben gerne von dem, was die Natur bietet. Häufig trifft man sie daher beim Sammeln von Pilzen oder Beeren. Vor allem die Preiselbeeren (links) sind sehr beliebt. Man serviert sie gerne frisch zu Wildbraten und Wildgeflügel. Es lassen sich aber auch ausgezeichnete Kompotte oder Liköre aus ihnen herstellen.

Kulinarisches aus Meer, Wald und Flur

Die Versorgung mit dem Lebensnotwendigsten hat den Menschen des hohen Nordens schon immer einen höheren Einsatz abverlangt als dies in südlicheren Breiten der Fall war. So bleibt beispielsweise den Getreideähren kaum Zeit zum Reifen, wenn sich einmal in der ohnehin kurzen Sommerzeit auch noch die Sonne wenig zeigt. Die Körner müssen dann aufwendig nachgetrocknet und rasch verarbeitet werden. Da Brot sich am besten hält, wenn es nicht aus feingemahlenem Mehl, sondern aus Schrot gebacken wird, findet man in Skandinavien viele geschrotete Brotsorten. Vielfältig und alt sind auch die Rezepte für das flache, knusprige Fladenbrot, das sich ebenfalls gut lagern läßt.

Die Vorliebe der Skandinavier für Wildbraten harmoniert aufs beste mit der Verwendung von Waldfrüchten wie Beeren und Pilze. Man denke nur an die Preiselbeeren, die oft mit einer Rahmsauce zu Braten gereicht werden, oder an die Moosbeeren. Sie ähneln den Preiselbeeren, besitzen aber einen zarten Harzgeschmack. Man braucht sie zum Aufbewahren nur in Wasser zu legen. Ihr Säuregehalt wirkt konservierend. Sie werden nicht nur zu Braten gereicht, sondern schmecken auch vorzüglich zu Gersten-, Roggen- oder Hafergrütze und natürlich zu Pudding.

Weit im Norden wächst die so geschätzte Multbeere, eine zur Familie der Himbeeren gehörende Frucht mit sehr hohem Vitamin-C-Gehalt. Sie wird zur Herstellung des berühmten Multbeerlikörs verwendet, *des mesimarja* oder *lakka*, wie ihn die Finnen nennen.

Bereits bei den Wikingern waren Gerichte mit Hühnern, Enten und Gänsen sehr beliebt. Auch heute noch ist das nicht anders. Nach wie vor werden in Schweden und Dänemark gerne die traditionellen Geflügelrezepte weiter zubereitet. So wird beispielsweise eine Gans oder eine Ente einige Tage in Salzlake eingelegt, was ihr Fleisch mürbe und ausgesprochen zart macht. Das Ergebnis wird als „gesprungene" Gans bezeichnet.

Da außer in Dänemark Weideland in Skandinavien knapp ist, ersetzen dort die genügsameren Schafe und Ziegen das Rind. Sie liefern den beliebten Hammelbraten sowie einen sehr pikanten Ziegenkäse, der bei keiner Speisenfolge fehlen darf.

Weit verbreitet sind auch saure Milch, saure Sahne und gesalzene Butter. Produkte, die seit mehr als tausend Jahren fester Bestandteil der skandinavischen Küche und eine hervorragende Konservierungsmöglichkeit für die ehemals rare frische Milch sind. Nur die Dänen mit ihrem üppigen Weideland bevorzugen süße Sahne.

Die Hauptnahrung, gewissermaßen die Krönung von allem, stellen für die Skandinavier die Früchte der Meere und der Binnengewässer dar. Von den Wikingern, die zunächst die Küstenstreifen besiedelten, ist uns bekannt, daß sie Austern, Muscheln, Krebse, Heringe, Makrelen, Lachs und Forellen sehr zu schätzen wußten. Aber auch ein Walsteak wurde nicht verachtet. In der Tat ist es ein Leckerbissen. In Norwegen gilt Walfleisch gebraten oder wie Schinken geräuchert als Delikatesse.

Mit Fug und Recht kann man behaupten, daß dem Hering von allen Fischarten die größte Bedeutung zukommt. Mit seinen vielfältigen Zubereitungsmöglichkeiten ist er von keinem der berühmten skandinavischen Buffets wegzudenken – weder dem dänischen *smørrebrød*, dem schwedischen *smörgåsbord* noch dem norwegischen *koldbord.*

Als besondere Delikatesse gilt Lachs. Er kann auf vielerlei Arten zubereitet werden – gekocht, gegrillt, gebacken oder geräuchert. Gepökelter Lachs rangiert in Skandinavien an der Spitze der Beliebtheitsskala. Die Schweden nennen ihn *gravad lax*. Er wird ungekocht gepökelt und kann nach etwa 2 bis 3 Tagen mit einer süß-sauren Senfsauce serviert werden. Zur Herstellung benötigt man wie bei so vielen skandinavischen Gerichten Unmengen von Dill. Da dieses Gewürzkraut in nördlicheren Breiten in jedem Garten problemlos wächst, wurde es neben Meerrettich zum typischen Geschmacksgeber der nordischen Küche.

Ein besonderes Ereignis in Schweden und Finnland ist das alljährliche Krebsessen. Gesunde, klare Binnengewässer sind die Voraussetzung für das reichliche Vorkommen von Krebsen. An den Ufern der zahlreichen schwedischen und finnischen Seen finden sich im August fröhliche Menschen im Familien- oder Freundeskreis ein. Häufig gehen ein Besuch der Sauna und ein Sprung in den See voraus. Gedeckt wird auf Holztischen im Freien. Bei buntem Lampionschein geht die Feier bis tief in die Nacht hinein. Die gekochten kalten Krebse werden mit heißen Toastscheiben und Butter gereicht. Dazu wird Aquavit oder Wodka und natürlich reichlich kühles, schäumendes Bier getrunken. Der Brauch ein Gläschen, ein Krebs, ein Gläschen, ein Krebs ... garantiert einen fröhlichen Abend, vor allem, wenn einige bis zu 20 Krebse schaffen.

Wichtig ist, daß die Krebse am Vorabend in stark gesalzenem und mit viel Dillkraut gewürztem Wasser gekocht wurden. Serviert werden sie in einem großen Korb auf einem mit Dill geschmückten Tablett. Außer einer Menge Papierservietten braucht man nur Messer, Gabel und ein Krebsmesser. Dieses besitzt eine kräftige, kurze, aber spitze Klinge mit einem Loch. Nach dem Lösen der Scheren werden mit dem Krebsmesser die Spitzen abgebrochen. So ist es leichter, die Scheren aufzuknacken. Das weiße Fleisch nimmt man heraus. Der Rest wird ausgelutscht. Darauf trennt man den Krebsschwanz vom Körper. Die Schale wird in der Mittellinie vorsichtig aufgebrochen und das Schwanzfleisch herausgezogen. Der dünne Darm muß entfernt werden. Das Fleisch legt man auf gebutterte Toastscheiben und bestreut das Ganze mit gehacktem Dill.

Zu allen Mahlzeiten nehmen die Skandinavier gerne ein Getränk, vor allem Bier und Aquavit werden sehr geschätzt.

Die Kunst des Bierbrauens geht in Skandinavien bis in die Wikingerzeit zurück. Es zählte zu den wichtigsten Tätigkeiten überhaupt, die einer Wikingerfrau oblagen. Heute wird in allen Ländern des Nordens gutes Bier aus Produkten der reinen Natur gebraut. Beim Essen wird ihm gut bis reichlich zugesprochen. Für die Dänen ist das Bier so etwas wie ein Nationalgetränk, während in Schweden und Norwegen auch die Milch sehr geschätzt wird. Die Finnen bevorzugen verständlicherweise Wodka. Schließlich liegt Rußland vor ihrer Tür.

Aber am Anfang eines Gerichts – und vielfach auch zwischendurch – darf ein Aquavit nicht fehlen. Er hilft bei der Verdauung all der doch recht schweren Speisen, den geräucherten, marinierten, gepökelten, gegrillten, gebratenen Köstlichkeiten, von Hummer und Krebsen bis hin zum pikanten Käse. Aquavit gibt es in einer großen Zahl geschmacklicher Varianten. Durch Zusätze von Kümmel, Wermut, Anis, Pfeffer und vielerlei Kräutern gewinnt er seinen feinen Geschmack. Der Linie-Aquavit gilt als der mildeste. Er wird in Norwegen hergestellt. Durch Zufall hatten einst die Seefahrer festgestellt, daß auf großer Fahrt, über den Äquator hinaus, der in Eichenfässern als Proviant mitgenommene Aquavit an Qualität gewonnen hatte. Das ständige Schaukeln und die Temperaturschwankungen verliehen ihm seine besondere Milde. Die Methode wurde beibehalten. Heute wird der Aquavit nach seiner Rückkehr in Flaschen abgefüllt. Auf den Etiketten stehen dann der Name des Schiffes und das Datum. Am besten schmeckt er eisgekühlt.

Als Abschluß einer Mahlzeit wird in Skandinavien Kaffee mit knusprigem Gebäck gereicht. Der Kaffee wird auch heute noch wie in früheren Zeiten im wahrsten Sinne des Wortes „gekocht". Was die Mengen anbelangt, sind die Skandinavier wahre Weltmeister im Verzehr dieses belebenden Elixiers.

Kaffee schmeckt am besten, wenn man etwas dazu ißt. Diesem Motto scheinen sich die Skandinavier verschrieben zu haben. Das Ausmaß, in dem Süßes verzehrt wird, scheint in direktem Verhältnis zu ihrem Kaffeekonsum zu stehen – und sie sind wahre Weltmeister im Kaffeeverbrauch! So finden die Dänen nichts dabei, zum Frühstück, zum Kaffee am Vormittag, nach dem Mittagessen und nachmittags oder abends jeweils ein oder zwei Stück Kuchen oder Blätterteigstückchen zu verzehren. Und ein Schwede feiert niemals Geburtstag, ohne daß nicht mindestens sieben verschiedene Sorten Plätzchen oder Kuchen auf dem Tisch stehen.

Von hartem Brot und salzigem Fisch

Um die skandinavische Küche besser verstehen zu können, muß man die Eßgewohnheiten der Vorfahren näher betrachten. Nach der kurzen Sommer- und Reifezeit ging es vor allem darum, die Ernte haltbar zu machen. Dabei entwickelten die findigen Wikinger eine Vielzahl origineller Ideen. So wurde beim Backen den Broten sehr viel Feuchtigkeit entzogen. Das machte sie knusprig und hart, so daß sie unbeschadet eine Lagerzeit von mehreren Monaten überdauern konnten. In Vorratshäusern wurden sie gestapelt. In Finnland wurden die Brote zusätzlich mit einem zentrischen Loch versehen und wie Perlen auf einer Stange aufgereiht unter der Decke aufgehängt. Diese Art von Broten gibt es immer noch.

Auch Fisch wurde durch Trocknen haltbar gemacht. Die Methode ist einfach und wird auch heute noch unverändert praktiziert: Die ausgenommenen Fische, in der Regel Kabeljau, werden zu zweit an den Schwänzen zusammengebunden und ungesalzen zum Trocknen an Holzgestellen aufgehängt. Mit der Zeit wird durch den Wind die Feuchtigkeit entzogen, und man erhält einen für eine lange Lagerzeit vorzüglich geeigneten *stokkfisk*. Dieser oder die zum Trocknen auf Klippen gelegten, entgräteten und gesalzenen Fischhälften, der *klippfisk*, dienten den Wikingern auf ihren langen Seefahrten als Hauptnahrung und waren zugleich ein beliebtes Tauschobjekt. So kamen Stockfisch und Klippfisch bis nach Spanien und Portugal, wo man sie noch heute als *bacalao* auf den Speisezetteln findet. In der norwegischen Küche hat der Trockenfisch, der *tørrfisk*, seinen festen Platz.

Eine weitere wirkungsvolle Konservierungsmethode war das Pökeln, das Einlegen von Fisch und Fleisch in Salz, wie es auch heute noch bei der beliebten schwedischen Delikatesse *gravad lax* gemacht wird.

Zum Pökeln brauchte man viel Salz. Da jedoch die Ost- und Nordsee einen niedrigeren Salzgehalt als das Mittelmeer haben, begann ein lebhafter Handel mit dem Süden. Diesen betrieb vornehmlich die Hanse, die dadurch zu großem Reichtum gelangte. Sie errichtete in vielen skandinavischen Städten Handelskontore, denen beispielsweise Bergen in Norwegen und Visby auf Gotland bis heute ihren großen Bekanntheitsgrad verdanken.

Als das Salz knapp und teuer wurde, war man gezwungen, andere Methoden der Haltbarmachung zu finden. So wurden Fleisch oder Fisch einfach in Molke gelegt, wie es in früheren Zeiten schon die Wikinger praktiziert hatten. Eine andere Art der Vorratshaltung bringt zwar keinen Konservierungseffekt, aber eine neue Delikatesse, die wahrscheinlich nur nach einer gewissen Eingewöhnungszeit als solche empfunden werden kann: Man vergräbt Fische in der Erde, wodurch sich nach einiger Zeit ein charakteristischer Eigengeschmack ergibt. Er ähnelt dem des schwedischen *surströmming*, einem sauren Ostseehering.

Noch heute wenden die Skandinavier traditionelle Konservierungsmethoden zur Haltbarmachung ihrer Lebensmittel an.
Für Stockfisch (oben) werden die Fische gleich nach dem Anlegen der Boote ausgenommen, paarweise an den Schwänzen zusammengebunden und im Freien über Holzgestelle gehängt. Der Wind entzieht ihnen dann die Feuchtigkeit. Stockfisch läßt sich ausgesprochen lange lagern. Ein Vorteil, den schon die Wikinger auf ihren langen Fahrten zu schätzen wußten.
Da sich hartes Brot leichter und länger lagern läßt, sind viele skandinavische Brotsorten eher hart als weich (rechts). Das Loch in der Mitte geht darauf zurück, daß man das Brot zur Vorratshaltung früher auf Stangen unter der Decke aufgehängt hat.

Kautokeinosamen in ihrer Tracht.
Woher das rätselhafte Volk der Samen stammt, weiß niemand genau zu sagen. Heute zählt dieser Stamm, der einmal weite Teile Skandinaviens besiedelte, noch höchstens vierzigtausend Menschen. Von Germanen, Finnen und der Zivilisation immer weiter nach Norden gedrängt, ziehen die Samen seit Jahrhunderten als Halbnomaden mit ihren Rentierherden von den Sommerweiden an der Küste zu den Hochflächen der Finnmarksvidda, um dort den Winter zu verbringen. Heute leben nur noch etwa achthundert Familien ausschließlich von der Rentierzucht.

Skandinavien – Vielfalt der Kulturen

Es gibt viele verbindende Elemente zwischen den skandinavischen Nationen. Ihre gemeinsamen Traditionen, Gebräuche und Eßgewohnheiten lassen sich leicht bis zu den Wikingern zurückverfolgen. Nur die Finnen scheren etwas aus. Vor etwa 1800 Jahren drangen sie von Süden in das heute von ihnen bewohnte Gebiet ein. Lediglich während der schwedischen Herrschaft in der Zeit vom 12. bis zum 17. Jahrhundert unterlagen sie einem größeren Einfluß ihrer nordischen Nachbarn. Bei ihren Eßgewohnheiten dominieren daher auch heute noch russische und karelische Elemente.

Wenn man von den Völkern Skandinaviens spricht, dürfen die Samen nicht ungenannt bleiben. Seit einiger Zeit werden sie auch Lappen genannt, eine Bezeichnung, die sie allerdings nicht so gerne hören. Die Samen sind nur eine kleine Gruppe von etwa 40000 Menschen. Ursprünglich haben sie jedoch große Teile Finnlands bewohnt, bevor sie von den aus dem mittleren Rußland einwandernden Finnen allmählich nach Norden abgedrängt wurden. Sie leben heute als Nomaden vorwiegend auf der Nordkalotte, der Region nördlich des Polarkreises, von Rentierzucht und Fischfang.

Außer Brauchtum und Sitte haben natürlich die landschaftlichen Gegebenheiten die skandinavische Küche geprägt. Dänemark und Südschweden besitzen eine reiche Agrarstruktur, was nicht ohne Wirkung bleiben konnte. Das Essen dort ist reichhaltig und schwer.

Norwegen dagegen ist von rauhen Gebirgskämmen durchzogen. Die Bedingungen für die Landwirtschaft sind hier nicht sehr günstig. Einen großen Teil ihrer Nahrung mußten die Menschen daher schon sehr früh dem Meer durch Fischfang abtrotzen.

In Mittel- und Nordschweden gibt es mit Wald-, Seen- und Tundrengebieten markante Landschaftsformen mit zahlreichen Beerenarten, Pilzen und Süßwasserfischen. Produkte, die ihren Niederschlag in den Eßgewohnheiten dieser Region gefunden haben.

Finnland, das Land der hunderttausend Seen, eingebettet in seine unermeßlichen Wälder, hat eine eigene Kost entwickelt. Man meint, den erdigen Moosgeschmack der Landschaft in den Speisen förmlich wiederzuerkennen.

Genaugenommen dürften Island und Grönland nicht unerwähnt bleiben. Ihre vielfältigen Beziehungen zu Skandinavien sind sehr bedeutend. Schon die Wikinger segelten zu den weit abgelegenen Inseln. Gegen Ende des 9. Jahrhunderts begann die Besiedlung Islands. Anfang des 12. Jahrhunderts fiel die Insel an den norwegischen König Håkon IV. Erst in jüngster Vergangenheit konnte sie ihre Unabhängigkeit wiedererlangen. Grönland trennte sich 1979 von Dänemark.

Eines ist allen Skandinaviern gemeinsam, sie sind wahre Künstler beim Zusammenstellen und Zubereiten von Gerichten. Jede Hausfrau hat ihre Geheimrezepte. Hinzu kommen Geschirr und Besteck sowie kunstvoll arrangierte Blumengestecke, die allesamt von hoher Eßkultur zeugen.

Neben der größten Insel der Welt, Grönland, und der nordatlantischen Inselgruppe der Färöer zählen insgesamt noch über vierhundert größere und kleinere Inseln zum Königreich Dänemark. Rund hundert von ihnen sind bewohnt. Der kleine Fährhafen Mommark (oben) liegt im Süden der Halbinsel Jütland, dem Bindeglied zwischen dem europäischen Festland und Skandinavien.

Wo Milch und Honig fließen

Dänemark, umgeben von Nordsee, Skagerrak und Kattegat, ist das Bindeglied zwischen Mitteleuropa und Skandinavien. Es besteht aus der Halbinsel Jütland und etwa fünfhundert mehr oder weniger großen Inseln, von denen aber nur rund hundert bewohnt sind. Das Festland ist flach bis hügelig mit einer höchsten Erhebung von 173 Metern. Aber das Land ist voller Abwechslung: Marschland im Süden, bewaldete Hügel im Innern, dann Heide, Seen und fruchtbare Äcker. Flüsse gibt es in Dänemark kaum, dafür Seen, Tümpel und Feuchtgebiete. Die dänische Inselwelt ist vielfältig und kontrastreich. Wie ein bunter, wie gemalt aussehender Teppich liegt sie sanft und beschaulich im Meer, während in den übrigen Nordländern die Inseln wild und zerklüftet sind. Bis auf die steilen Kreidefelsen im Osten der Insel Møn sind große Teile Dänemarks von flachen, weißen Stränden umsäumt. Andernorts reichen Fjorde weit in das Land. Jedoch anders als in Norwegen, wo sie von steil abfallenden Berghängen begrenzt werden, wirken sie in Dänemark wie Meeresarme, die das flache Land umschlingen.

Jede der dänischen Inseln hat ihre Besonderheit. Seeland mit der Metropole Kopenhagen – auf dänisch *København*, Hafen der Kaufleute – ist eine majestätische und geschichtsträchtige Insel und zweifellos das Herz Dänemarks. Kopenhagen wurde im Jahr 1167 gegründet und hat sich mit den vielen Brücken, prachtvollen Schlössern, grünspanpatinierten Kupferdächern, dem Hafen und der kleinen Meerjungfrau einen malerischen Charakter bewahrt. Es hat jedoch nicht nur viel an Kunst und Kultur zu bieten. Inmitten der pulsierenden Großstadt tut sich mit dem berühmten Vergnügungspark Tivoli eine Märchenwelt auf mit bunten Lampen, Blumenarrangements, Springbrunnen, gepflegten Restaurants und Konzerten. Geschäftstüchtig geht es im Einkaufsparadies in der Altstadt zwischen Rathaus, königlichem Neumarkt und Rundem Turm auf der *Strøget*, der Welt längsten Fußgängerstraße zu – und gemütlich zugleich. Dafür sorgen zahlreiche Restaurants, noch mehr *smørrebrød*-Läden, gemütliche Straßencafés sowie Konditoreien. Hier kann man hautnah miterleben, welche Schwäche die Dänen für gutes Essen haben.

Fünen ist die Insel des Märchendichters Hans-Christian Andersen. Die Meerjungfrau in Kopenhagen ist übrigens eine Gestalt aus einer seiner schönsten Erzählungen. Die Insel wird gerne als die Kornkammer Dänemarks bezeichnet. Und die zahlreichen Herrenhäuser und Schlösser Fünens zeugen von diesem Reichtum. Zwischen prachtvollen Parkanlagen und beschaulichen, landwirtschaftlich genutzten, parkähnlichen Landschaften eingestreut trifft man auf hübsche und saubere Städtchen und Fischerdörfer von teilweise beträchtlichem Alter.

Lolland und Falster sind die Obstgärten Dänemarks. An ihren Stränden und auf ihren Feldern findet man zudem ein bis zu sechzig Millionen Jahre altes Naturprodukt: den gelben bis braunen, manchmal auch bläulichen Bernstein, der zu Schmuck verarbeitet wird. Zahlreiche Funde belegen die tausendjährige Tradition dieses Kunsthandwerks.

Auf der Nachbarinsel Møn finden sich einige Hünengräber, Steinkammergräber, Langdohnen und Steinsetzungen aus der jüngeren Steinzeit von vor etwa fünftausend Jahren. Daß hier wie auch im übrigen Land die Vorzeitgräber bis heute erhalten geblieben sind, zeugt von der Liebe und Ehrfurcht der Dänen zu ihrer Tradition. Erwähnenswert sind auch die aus dem 12. und 13. Jahrhundert stammenden weißen oder backsteinroten Dorfkirchen. Die Ausschmückung mit Fresken, die biblische Begebenheiten darstellen, spricht für eine frühe Begabung künstlerischen Gestaltens. Sie hat sich bis heute erhalten, wie die faszinierenden Erzeugnisse dänischer Designer und Kunsthandwerker zeigen.

Die dänische Ferieninsel Bornholm liegt etwa 150 Kilometer östlich des Kernlandes mitten im Meer. Über viele Jahrhunderte galt sie als das Bollwerk gegen den Osten. In bunter Vielfalt vereinigt sie alles, was auch das übrige Dänemark auszeichnet: goldgelbe Rapsfelder, fruchtbare Äcker, Wälder und fast tausendjährige weiße Rundkirchen, hier allerdings sehr wehrhaft gebaut, um den Menschen Schutz vor feindlichen Angriffen bieten zu können, dann Herrensitze und vor allem die überall so beliebten *kros*, die alten Dorfgaststätten. Jeder Kro gleicht einem kleinem Museum und strahlt Gemütlichkeit aus. Die Speisen sprechen für eine gepflegte Küchentradition.

Zu Dänemark gehören auch die 18 sehr traditionsbewußten Färöer-Inseln sowie Grönland, die größte Insel der Welt.

Dänemark kann auf eine mehr als tausendjährige Geschichte zurückblicken. Im 6. Jahrhundert besetzten die aus dem hohen Norden kommenden Nordmänner, später Wikinger genannt, allmählich Südschweden und Dänemark. Die dort ansässigen Westgermanen, Angeln, Sachsen, Jüten und Heruler wanderten nach Süden ab. Die Wikinger waren gute Organisatoren und Staatengründer. Als die ersten schriftlichen Dokumente gelten die Runensteine. Einen davon ließ König Harald Blauzahn um 950 n. Chr. in Jelling auf Jütland errichten. Er dokumentiert die Einigung Dänemarks, den Zugewinn Norwegens und die Christianisierung.

Als hervorragende Seefahrer verstanden sich die Wikinger meisterhaft auf den Schiffsbau und das Navigieren. Einige Zeugnisse ihrer Schiffsbaukunst sind uns erhalten geblieben und können noch heute in Roskilde auf Seeland bestaunt werden. Mit ihren schnittigen Booten, der römische Geschichtsschreiber Tacitus erwähnte sie in seinen Reiseberichten, waren sie schneller und beweglicher als ihre Gegner – ein entscheidender Vorteil für große Entdeckungsfahrten und Raubzüge. Die Wikinger besetzten England und Irland. Ihr Drang in die Ferne führte sie entlang den Küsten Europas über Frankreich weiter nach Süden. In der Normandie gründeten sie ein Herzogtum und in Sizilien und Apulien mächtige Reiche. Ihre Streifzüge brachten sie selbst bis in das Schwarze Meer. Erik der Rote segelte von Island aus nach Grönland, und Leif Erikson entdeckte um 1000 n. Chr. Nordamerika. Doch die eigentliche Heimat der Wikinger blieb Dänemark. Zeitweilig verband sich das mächtige Dänemark eng mit dem übrigen Skandinavien. So in einer Union mit Schweden bis Anfang des 16. Jahrhunderts und mit Norwegen sogar bis 1814.

Aus den einstmals verwegenen und gefürchteten Wikingern haben sich die Nachfahren, die Dänen von heute, als ein friedliebendes und gebildetes Volk herauskristallisiert. Dänen zeigen bedächtige Gelassenheit, Toleranz und natürliche Selbstsicherheit.

Wer heute Dänemark bereist, dem fällt der Sinn für schön Gestaltetes auf, sei es in den stilvoll gebauten Häusern oder der gepflegten Wohn- und Tischkultur. Das Porzellan von „Royal Copenhagen“ ist weltberühmt.

Auch wer gutes Essen liebt, wird von einer Dänemarkreise nicht enttäuscht werden. Essen nimmt in diesem Land einen so wichtigen Platz ein, daß drei Hauptmahlzeiten pro Tag nicht ausreichen. Dänen finden leicht einen Grund, um zwischendurch noch zwei bis drei Essenspausen einlegen zu können. Vielleicht nur, um eine der süßen Herrlichkeiten wie das Kopenhagener Gebäck aus *wienerbrødsdej*, einer besonderen Art Blätterteig, gefüllt mit Nüssen, Marzipan, Vanille- oder Schokoladencreme und mit Zucker bestreut, zu einer Tasse Kaffee zu genießen.

Eine Versuchung für zwischendurch sind die leckeren Smørrebrød. Wörtlich übersetzt müßte man einfach Butterbrot sagen, doch wäre dieser Begriff irreführend. Ein Smørrebrød kann ohne Übertreibung eine Mahlzeit ersetzen, so üppig ist es.

Im Grunde setzen sich die dänischen Eßgewohnheiten aus zwei Traditionen zusammen. Die höfische Küche des Adels aus den zahlreichen Schlössern und reichen Herrensitzen unterlag im Laufe der Zeit verschiedenen äußeren Einflüssen, vornehmlich französischen. Das Verfeinern der Gerichte gipfelte manchmal in Übertreibungen. So ist es positiv zu bewerten, daß die deftige Küche des dänischen Bauernstandes erhalten blieb und ihren Einfluß geltend machte. Das brachte große Vielfalt in die dänische Küche, die die üppigste von ganz Skandinavien ist.

Im Gegensatz zu den übrigen Ländern Skandinaviens steht in Dänemark Fleisch, insbesondere Schweinefleisch mit allen seinen Variationen wie Schinken, geräuchert und gekocht, Braten, Gepökeltes, Sülze und Würste an oberster Stelle. Schweinekamm auf dänische Art, mit säuerlichen Äpfeln und Kartoffeln, ist ein köstliches Gericht.

Fleisch ist trotzdem nicht gerade preiswert, so daß manche Hausfrau, erfinderisch wie sie nun einmal ist, aus der Not eine Tugend macht. Dabei kommen dann herrliche Gerichte auf den Tisch wie die dänischen *frikadeller*. Auch Rind, Hammel und Lamm kommen als Fleischlieferanten in Frage.

Wildbret wird ebenfalls sehr geschätzt. In Dänemark versteht man darunter in der Hauptsache Hase, Rebhuhn, Fasan und Reh.

Auch Geflügel ist dank seiner guten Qualität nicht vom Speisezettel wegzudenken. Oft bringt die Hausfrau sonntags Gerichte mit Huhn auf den Tisch. Und entsprechend einem alten Brauch wird für den Vorabend von St. Martin eine gefüllte Gans zubereitet mit *æblekage*, einer Apfelspeise, als Dessert. An Weihnachten gibt es dann Entenbraten.

Als Gemüse bevorzugen die Dänen roten, grünen und weißen Kohl, der auch zu Sauerkraut verarbeitet wird, dann Sellerie, Porree und Rüben, insbesondere rote Bete.

Die Kartoffel ist für die dänische Küche von enormer Bedeutung. Es gibt sogar ein Gericht, *nye kartofler*, das nur aus Kartoffeln besteht. Für diese Delikatesse nimmt man nur die kleinen, runden neuen Kartoffeln der Insel Samsø. Die traditionellen Eintöpfe und Pfannengerichte werden heute noch gerne gegessen. Die gelbe Erbsensuppe *gule ærter* beispielsweise ist das Leibgericht vieler Dänen. Dazu passen ein eiskalter Aquavit und kühles Bier, was für eine frohe Stimmung sorgt. Deshalb wird die gelbe Erbsensuppe besonders gern serviert, wenn Gäste erwartet werden.

Natürlich spielt Hering, *sild*, in der dänischen Küche seit alters her eine bedeutende Rolle. Er ist von fast keiner Mahlzeit wegzudenken und wird in einer Vielzahl von Variationen zubereitet. Delikat schmeckt ein über Erlenholz geräucherter Hering. Spezialisten für diese Zubereitung sind die Bornholmer, die diese besondere Art von Hering Bückling nennen.

Der Tag eines Dänen beginnt frühmorgens mit einem ersten Frühstück, dem *morgenmad*, noch recht bescheiden. Zum Roggenbrot werden goldgelbe, gesalzene Butter, Marmelade, vielleicht aber auch schon einige süße Gebäckstücke gereicht.

Gegen Mittag zwischen 12 und 14 Uhr nimmt man dann *frokost*, das eigentliche Frühstück ein. Es besteht hauptsächlich aus Smørrebrød. Das klingt zwar recht einfach, doch dahinter verbirgt sich eigentlich alles, was das Herz begehren könnte. Die kunstvoll belegten „Butterbrote" sind ein recht üppiges Mahl.

Die Hauptmahlzeit des Tages wird zwischen 18 und 20 Uhr eingenommen. Paradoxerweise bezeichnet man sie als *middag*, also Mittagessen. Jetzt nach getaner Arbeit sitzt die ganze Familie an einem Tisch. Es werden warme Speisen gegessen: vielleicht Hering oder Matjes vorweg, dann eine Suppe, ein Hauptgericht und der Nachtisch. Dieser könnte beispielsweise aus einer Süßspeise bestehen, aber auch aus Käse. Oft schließt sich ein Kaffee an, dem, besonders wenn Gäste geladen sind, zu süßem Gebäck noch ein Gläschen Likör folgen darf.

Das Smørrebrød ist eine typisch dänische Erfindung. Die Idee dazu wurde wohl vor langer Zeit geboren, als Bauern und Leibeigene ihr tägliches Essen auf das Feld mitnahmen. Auch die modernen Dänen nehmen täglich ihr Smørrebrød mit zur Arbeit. Die nur auf einer Seite belegten Brote werden sauber verpackt und gegen Austrocknung geschützt. Die

Schulkinder bekommen das Smørrebrød in einer bunten Dose mit auf den Schulweg. Es ist verständlicherweise einfach gehalten und besteht beispielsweise aus einer Scheibe Roggenbrot mit Butter bestrichen und belegt mit kalten Resten, vielleicht Fleisch oder Fisch von der Vortagsmahlzeit, sodann hübsch garniert mit Kräutern oder Scheiben von Radieschen und roten Beten.

In vielen Restaurants und Verkaufsläden der Städte werden unzählige Varianten des Smørrebrød in verfeinerter und verführerischer Aufmachung angeboten. Um die Herstellung dieser Kunstwerke zu erlernen, benötigt man eine dreijährige Berufsausbildung.

Wahren Erfindergeist zeigen die Dänen bei der Zubereitung des Smørrebrød für Festlichkeiten. Dabei sind einige Grundregeln zu beachten. Das Aussehen sollte ansprechend und die Beigaben farblich aufeinander abgestimmt sein, außerdem sollten nur erstklassige Zutaten verwendet werden.

Die Basis des Smørrebrød ist eine Scheibe sehr dünn geschnittenes Brot. Roggenbrot eignet sich am besten für herzhafte Aufschnitt-, Fisch- und Käsesorten. Weißbrot nimmt man für einen Belag mit feinem Eigengeschmack. Auch Mischbrot, Kümmelbrot, Vollkornbrot und Knäckebrot lassen sich vorteilhaft verwenden. Wichtig ist eine knusprige Brotkruste. In der Regel wird die Brotscheibe gut mit gesalzener Butter bestrichen. Aber bei Verwendung von dänischer Schlackwurst, Apfelfleisch, Schweinebraten, neuen Kartoffelscheiben oder Käse ist Schmalz geeigneter. Je nach Appetit wählt man als Belag für sein Smørrebrød Krabben, Muscheln, Krebse oder Hummer. Fleisch vom Schwein, Rind, Lamm, gebraten, gepökelt oder als Pastete, auch Frikadellen, Schinken und Sülze eignen sich gut. Wild und Geflügel, gebraten oder als Pasteten, sind ebenfalls sehr beliebt. Verwendet werden auch alle Sorten von Gemüse und Salaten. Zu allem passen Eier, Krabben, Fisch oder Tomaten.

Dänemark ist reich an den unterschiedlichsten Käsesorten. Einige eignen sich auch hervorragend für das Smørrebrød. Tybo, Danbo und Elbo sind milde aromatische Schnittkäse. Maribo dagegen ist kräftiger im Geschmack, außerdem leicht säuerlich. Havarti, Esrom und Dänischer Kräuterkäse sind aromatisch-pikant. Samsø und Svenbo sind eher vollmundig und nußartig. Halbfeste Schnittkäse sind der sehr milde Dänische Mozzarella, dann Akawi und Dänischer Feta. Als Weißschimmel-Weichkäse gibt es Dänischen Camembert und den Brie. Danablu und Mycella, die Blauschimmel-Edelpilzkäse, sind sehr vollmundig, kräftig und wie die Weißschimmel-Weichkäse von sahnigem Geschmack. Frischkäse können mit Kräutern, Gewürzen, Früchten, Nüssen, Cognac oder Likör verfeinert sein. Zu den Hartkäsesorten zählen der Dänische Cheddar, Dänischer Hingino und Grana. Die beiden letzten Käsesorten sind besonders gut zum Reiben geeignet.

Beim Smørrebrød werden alle Beigaben möglichst locker gerollt aufgetürmt und mit Kräutern und Gewürzen garniert. Ein Salatblatt als Trennung zwischen Brot beziehungsweise Butter und Belag empfiehlt sich, denn die Brotscheibe darf nicht mit den Zutaten durchtränkt werden. Deshalb werden Saucen getrennt in Schüsselchen gereicht. Smørrebrød wird immer mit Messer und Gabel gegessen.

Und noch etwas Besonderes für Kinder: Gebuttertes Brot mit einem süßen Belag, wie Schokolade mit Rosinen oder pürierte Bananen mit Schokoladenstreusel, findet stets seine Abnehmer.

Die Dänen trinken zum Smørrebrød gerne Bier und eiskalten Schnaps. Kein Wunder, besitzen sie doch viele kleinere Brauereien in den Provinzstädten, aber auch weltbekannte Marken wie Carlsberg und Tuborg. Zu einigen Smørrebrød könnte man auch Weiß- oder Rotwein nehmen, auf keinen Fall aber zum Hering. Autofahrer – und das nimmt man in Dänemark sehr genau – lassen sich zum Smørrebrød alkoholfreies Bier oder kalte Milch servieren. Und damit *velbekomme* – Guten Appetit!

Grundrezept Dänischer Blätterteig für Kopenhagener Gebäck:
60 Gramm Hefe zerbröckeln und mit 50 Gramm Zucker in 1/4 Liter kalte Milch geben. 1 Ei und 1 Eigelb, 1/4 Teelöffel Kardamom und 1/2 Teelöffel Vanillezucker zufügen. Zum Schluß 500 Gramm gesiebtes Mehl hineingeben und zu einem geschmeidigen Teig verarbeiten. Kühl stellen. Auf einem bemehlten Brett den Teig sternförmig ausrollen und 250 Gramm Margarine, die zu einem flachen Rechteck geformt wurde, in die Mitte des Teiges geben. Nun die Teigenden über die Margarine schlagen und etwa fingerdick zu einem Rechteck ausrollen. Dann das linke Drittel über das mittlere Drittel schlagen und das rechte Drittel über die beiden anderen Teile. In Pergamentpapier wickeln und 15 Minuten kühl stellen. Den Teig wieder zu einem Rechteck ausrollen. Diesmal werden beide Seitenteile zur Mitte hin zusammengelegt und anschließend wie ein Heft zugeklappt. Wieder in Pergamentpapier wickeln und 15–20 Minuten kalt stellen. Diesen Vorgang noch einmal wiederholen und den Teig nochmals 1 Stunde kalt stellen. Nun kann man ihn zu einer der vielen Variationen des Kopenhagener Gebäcks weiterverarbeiten.

Norwegen ist ein vom Eis geformtes Land. Die beiden charakteristischen Landschaften sind der Fjell, die mit Moosen, Flechten und Zwergsträuchern bewachsene Hochfläche, und der Fjord, der sich tief in das Landesinnere einschneidet. Beeindruckend, der sechzehn Kilometer lange Geirangerfjord (oben).

Ja, wir lieben dieses Land

So lautet eine Zeile der norwegischen Nationalhymne: „Ja, vi elsker dette landet.“ Wer Norwegen noch nicht gesehen hat, macht sich keine Vorstellung von den Schönheiten seiner Natur. Der besondere Reiz liegt in den krassen Gegensätzen. Die Küsten sind von einem weiten, wilden Meer umgeben, das mit seinen malerischen Fjorden tief in das gebirgige Land eingreift. Auf der vollkommen glatten Wasseroberfläche spiegeln sich die steil abfallenden Felswände und die weißblauen Gletscher. Blütenüberströmte Täler mit verstreut liegenden Einzelgehöften kontrastieren mit der urwüchsigen, unberührten Natur der Hochplateaus, den Fjells, die die Täler mit ewigem Schnee und Gletschern umrahmen.

Telemark, der südlichste Landesteil, mit einem im allgemeinen milden Klima erstreckt sich von der Küste bis zum Hochgebirge und verfügt so über einige typische norwegische Landschaftsformen. Die unermeßlichen Wälder werden von besiedelten Tälern mit landwirtschaftlicher Nutzung unterbrochen. Die Übergänge sind hier noch nicht so schroff wie weiter im Norden. Wegen des Waldreichtums ist Holz ein wichtiges Exportmittel. Im Lande selbst begegnet man vielen Holzgebäuden, seien es die mittelalterlichen Stabkirchen oder jahrhundertealte Bauernhöfe, die aus kunstvoll verzierten Baumstämmen zusammengefügt sind. Kunsthandwerkliche Traditionen und altes Brauchtum sind bis in die heutige Zeit erhalten geblieben, unter anderem auch die Silberschmiedekunst und die Rosenmalerei.

Finnmark, der nördlichste Landesteil Norwegens, erlebt nur einen kurzen skandinavischen Sommer. Der Winter dagegen dauert sehr lang, auch wenn er gelegentlich durch das Nordlicht mit seinen seltsam wallenden Lichtbändern erhellt wird. Temperaturen von −40 °C sind keine Seltenheit. Erst der Sommer bringt den Ausgleich und die entbehrte Sonne im Überfluß. Nirgendwo sind dann die Tage so hell und lang wie hier. In Hammerfest geht die Sonne von Mitte Mai bis Ende Juli nicht unter. Diese kurze, aber sehr intensive warme Jahreszeit nutzt die Natur und entfaltet eine ungeahnte Fruchtbarkeit.

Weite Teile Norwegens besitzen Gebirgscharakter. Besonders abwechslungsreich ist der Bezirk Trøndelag mit landwirtschaftlich genutzten Tälern, rauhem Hochgebirge, Wäldern mit fischreichen Flüssen, einer zerklüfteten Küste mit Fjorden, Inseln und kleinen Fischerdörfern, die der Dichter Knut Hamsun so eindrucksvoll beschrieben hat. Hier dauern die Sommertage bereits länger als im südlichen Norwegen, und um Mittsommer wird es nicht mehr dunkel. Das begünstigt den Anbau von Getreide, Gemüse und Obst. Tomaten, Birnen und Äpfel entwickeln hier ein starkes Aroma. Das rauhe Hochgebirge ist bekannt als ergiebigstes Jagdrevier Norwegens. Und die Flüsse haben bei den Lachsanglern den Ruf, die besten des Landes zu sein.

Den etwa 4 Millionen Einwohnern Norwegens steht zwar mit 324 000 Quadratkilometern eine große Landfläche zur Verfügung, diese ist jedoch nur zu 3,5 Prozent landwirtschaftlich nutzbar. Ein Viertel der Fläche besteht aus Wäldern. Das übrige Gebiet ist fast baumlos, nur bedeckt mit vereinzelten Krüppelkiefern, Zwergbirken und Wacholderbüschen. Im Süden beginnt die Baumgrenze schon bei 1000 Metern und fällt nach Norden hin bis zu 300 Meter Höhe ab. Diese baumlosen Regionen nennen die Norweger *vidda*.

So rauh und karg wie das Land sich darstellt, so hart waren von jeher auch die Lebensbedingungen. Das zwang schon die Wikinger dazu, sich die Nahrung aus dem umgebenden Meer zu holen. Und bis heute ist das so geblieben. Nach wie vor nimmt die Seefahrt in Norwegen einen vorrangigen Platz ein.

Norwegen erstreckt sich vom 58. bis zum 71. Breitengrad. Die Nord-Süd-Ausdehnung mit 1750 Kilometern ist recht groß und entspricht etwa der Entfernung von Hamburg nach Sizilien. Da kann es durchaus sein, daß der Nordnorweger Gerichte des Südens kaum kennt, so die Muschelgerichte, die dort als besondere Delikatesse gelten. Andererseits dürfte das Walfischsteak – eine nordnorwegische Gaumenfreude – dem Bewohner des Südens kaum geläufig sein.

Die norwegische Küche ist einfach und naturbelassen, so wie das karge Land die Nahrung hervorbringt. Aber sie ist trotzdem von herzhafter Vielfalt. Die Norweger lieben einen deftigen Geschmack. Ein Feinschmecker, der die dänische oder vielleicht sogar die verfeinerte französische Küche kennt, muß sich an die andere Art der Speisen erst gewöhnen. Das soll aber nicht bedeuten, daß er die norwegische Küche nicht doch schätzen und lieben lernen könnte. Man muß sie einfach ausprobieren.

Ehe einzelne Gerichte und Rezepte detailliert beschrieben werden, sind Sie zunächst zu einem Panoramablick über Norwegens Küchenerzeugnisse eingeladen. Fangen wir mit den Fischen an.

Ein von alters her beliebter und lange haltbarer Fisch ist der getrocknete Kabeljau, der *tørrfisk* oder *stokkfisk* sowie der gesalzene *klippfisk*. Nicht weniger geschätzt wird der Dorsch, norwegisch *torsk*. Frischer Dorsch wird in stark gesalzenem Wasser kurz gekocht und mit Pellkartoffeln und zerlassener Butter serviert. Es fällt auf, daß zum Kochen viel Wasser und noch mehr Salz verwendet wird, so daß eine richtige Lauge entsteht. Ein ebenfalls sehr beliebter Fisch in Norwegen ist *makrell*, die Makrele. Im Frühjahr ist sie am fettesten und schmeckt dann am besten. Ihre Zubereitung kann ganz unterschiedlich sein: mit Petersilie gefüllt und sautiert, geräuchert oder eingesalzen als Ersatz für den recht teuren Lachs. Der Hering darf auf keinem *koldbord*, dem norwegischen kalten Buffet, fehlen. Zubereitet in vielerlei Variationen wird er gerne aufgetischt.

Krabben und Hummer gibt es in allen denkbaren Größen – köstlich, aber auch kostspielig. Die kleinen Krevetten werden auf den Fischmärkten, frisch angelandet und bereits gekocht, preiswert angeboten. In den Restaurants werden sie stets mit Schale serviert.

Norwegen ist reich an Binnengewässern und Flüssen, sein Wasser von allerbester Qualität. Kein Wunder, daß die norwegische Küche über köstliche Süßwasserfischgerichte verfügt. So ist Lachs, der edelste aller Fische, ob gekocht, geräuchert oder als *gravlaks* in Salzlake eingelegt, immer ein besonderes Geschmackserlebnis.

Forellen kommen in den norwegischen Gewässern sehr zahlreich vor und sind auf den Speisekarten entsprechend häufig zu finden. Eine besondere Art der Zubereitung ist *rakfisk*. Die Forelle wird hierbei mehrere Monate in Salzlake gelegt.

Welch kulinarische Genüsse man mit Fischen herbeizaubern kann, verstehen die Norweger wie nur wenige andere. Einer dieser Genüsse ist die *Bergens fiskesuppe*, die Bergener Fischsuppe. Natürlich gibt es sie in vielen Abwandlungen, die meistens ein Geheimnis der norwegischen Hausfrau bleiben, wie bei so vielen Gerichten.

Der sogenannte Fischpudding ist auch für mitteleuropäische Gaumen eine Freude und kommt in Norwegen häufig auf den Tisch. Im Ofen gegart, wird er mit einer rötlichen Krabbensauce überzogen und ist eine wahre Köstlichkeit. Weitere überraschende Gerichte sind *fiskeboller*, Fischklöße, und *fiskekake*, Fischkuchen.

Das gebirgige, karge Land mit den steilen Abhängen eignet sich kaum für Rinder oder Kühe. Um so mehr ist es eine Region für Schafe und Ziegen, die hier gute Lebensbedingungen vorfinden. Eine Besonderheit ist *fenålår*, die leicht gebeizte Hammelkeule, die anschließend geräuchert und mehrere Monate fest in ein Gazetuch eingewickelt auf einem luftigen Dach- oder Heuboden getrocknet wird. Hierdurch schrumpft die Hammelkeule zwar auf das halbe Gewicht, das Aroma nimmt jedoch im gleichen Maße zu. In hauchdünne Scheiben geschnitten, ißt man sie mit knusprigem Fladenbrot und frischer Salzbutter. Den Knochen der Hammelkeule kann man dazu verwenden, um einem Gemüseeintopf oder einer Kohlsuppe einen kräftigen Geschmack zu verleihen.

Auch andere einfache Gerichte sind heute noch sehr beliebt. Ihre Art der Zubereitung ergab sich aus der Notwendigkeit, die Produkte des kargen Landes möglichst gut zu nutzen und in abwechslungsreiche Speisen zu verwandeln.

Besonders beliebt sind Wildgerichte. In Mittelnorwegen lebt das Ren in freier Wildbahn, während es im hohen Norden in den Tundren halbdomestiziert in Herden gehalten wird. Die wildlebenden Tiere wie Elch, Hirsch, Reh, Hase und Wildvögel haben alle ihre bestimmten Jagd- und Schonzeiten. Zur jeweiligen Saison werden die entsprechenden Wildbraten zubereitet, denen stets wildgewachsene Moosbeeren oder Multbeeren beigegeben werden. Alle Wildgerichte werden durch eine Sauce, zubereitet aus süßer und saurer Sahne und geschmolzenem Ziegenkäse, dem *geitost*, abgerundet. Bei solch einem Gericht dürfen natürlich Pilze des Bergwaldes als Beilage nicht fehlen.

Eines der ältesten norwegischen Gerichte ist die Grütze. Zur Herstellung werden die unterschiedlichsten Getreidearten verwendet. Die Hafergrütze *rømmegrøt* ist noch heute ein norwegisches Nationalgericht. Einem alten Brauch entsprechend, darf sie auf keiner Hochzeit fehlen.

Grützen kann man als Vorläufer des Brotes ansehen. Gibt es schon viele Arten von Grützen, so sind die Brotsorten noch zahlreicher. Das rührt daher, daß Brot von den Bauersfrauen selbst gebacken wurde. Die kleinen Orte und Einzelhöfe lagen weit auseinander und waren durch unwegsame Gebirgsregionen voneinander getrennt. So entwickelte fast jedes Tal sein eigenes Rezept für die Zubereitung von Brot. In der Regel waren es runde, knusprige Fladenbrote, die auch heute noch so gebacken werden. Sie schmecken herzhaft und gehören zu jeder Mahlzeit.

Der norwegische Tag beginnt mit der ersten Mahlzeit, der *frokost*. Ein gut sortiertes *frokostbord* bietet verschiedene Brotsorten, unzählige Arten von Fisch – insbesondere auf das feinste zubereitete Heringe – der nach norwegischem Brauch in den köstlichsten Saucen schwimmend von süß bis sauer mit Senf, Pfeffer, Zwiebelringen, Lorbeer, roten Beten oder mit Mayonnaise zubereitet wird. Dann folgen Wurst- und Salatsorten, Obst und Konfitüren. Natürlich fehlt die Rømmegrøt nicht. Unter den Käsesorten ist besonders der gelb-bräunliche Ziegenkäse hervorzuheben. Mit seinem milden, markanten Geschmack ist er eine norwegische Spezialität.

Um die Mittagszeit hält man sich an das *lunsjbord*, das sich noch etwas üppiger und vielfältiger als das Frokostbord darstellt. Es enthält zusätzlich mindestens ein warmes Gericht, etwa Fleischklöße, Schweine- oder Hammelfleisch, häufig auch Lachs.

Die Hauptmahlzeit nimmt der Norweger abends ein. Hier werden weitere Delikatessen angeboten. Frischer Fisch von der Küste, Rentierbraten aus dem hohen Norden oder köstlich zubereiteter Elchbraten beziehungsweise Schneehuhn aus dem Landesinneren. Als Beilagen werden die verschiedensten Gemüse, Salate oder Beerenkompotte serviert. Auch die Rømmegrøt ist wieder dabei, diesmal mit Fett übergossen und mit Zimt bestreut.

Köstlich schäumendes Bier oder frische Milch stillen den Durst. Um den Magen anschließend friedlich zu stimmen, empfiehlt sich ein Gläschen Linie-Aquavit.

Zweifelsohne lassen sich gewisse Parallelen zwischen der norwegischen und der dänischen Küche feststellen. Das ist in der Jahrhunderte dauernden Union beider Länder begründet, die erst 1814 durch den Friedensschluß von Kiel beendet wurde. Auch in den Zeiten der Hanse fand eine Beeinflussung der Eßgewohnheiten durch andere Länder statt. Nichtsdestotrotz verfügt die norwegische Küche über unverwechselbare und typische Eigenheiten, die sie uns so liebenswert und nachahmenswert macht.

ROALD-OLSEN

LOFOTTRÅL
J.M.J.

Der Fischfang ist auch heute noch für Norwegen ein bedeutender Wirtschaftszweig. Gefangen werden vor allem Hering und Dorsch. Von den hoch im Norden gelegenen Lofotinseln aus wird seit gut tausend Jahren Fischfang betrieben. Von Januar bis Ende April fahren die Fischer mit ihren Dieselkuttern aufs Meer, um ihre Netze auszulegen (links: oben und unten links). In dieser Zeit ziehen Hering, Kabeljau und Dorsch zum Laichen in das vom Golfstrom erwärmte Wasser vor den Lofoten. Nach dem Fang werden die Fische rasch verarbeitet (links: unten rechts). Berühmt ist der Fischmarkt der südnorwegischen Stadt Bergen (oben). An jedem Werktag werden hier die frisch gefangenen Fische gewogen (rechts) und sogleich portioniert oder als Ganzes verkauft.

Stockholm – das Venedig des Nordens.

Das Smörgåsbord – verschwenderische Gastlichkeit und üppiger Genuß

Mit Schweden verbindet man häufig Begriffe wie Schwedenstahl, Wohlfahrtsstaat, vielleicht auch Gleichstellung der Frau bis hin zu liberalen Sitten der jüngeren Generation. Außerdem müssen Schweden und Schwedinnen immer blond sein. Aber Schweden besteht nicht nur aus Klischees, sondern ist ein interessantes Land und jederzeit eine Reise wert.

Auch seine Küche ist nicht zu verachten. Schwedenplatte ist ein Begriff, der um die Welt gegangen ist und die hohe gastronomische Kunst des Nordens belegt. Doch den richtigen Eindruck von gutem Essen vermittelt erst das *smörgåsbord*, das schwedische kalte Buffet.

Fast wäre es in Vergessenheit geraten, hätten ihm nicht große Hotels und Feinschmeckerlokale wieder zu neuem Glanz und Ruhm verholfen. Das Smörgåsbord besteht aus einem üppig gedeckten Tisch, der in dekorativer Aufmachung alle nur erdenklichen Köstlichkeiten bietet. Das Ganze gleicht einem bunten kulinarischen Gemälde. Bei seinem Anblick ist man von der unerwarteten Fülle beeindruckt, die die schwedische Küche hervorzuzaubern vermag. Das Smörgåsbord bedeutet also viel mehr, als sein Name ursprünglich glauben macht. Übersetzt heißt es bescheiden Butterbrottisch. In der Familie, aus Anlaß einer Einladung von Freunden oder zu anderen

Festlichkeiten wie Weihnachten ist das selbstzubereitete Smörgåsbord der Stolz einer jeden Hausfrau. Dem Aufbau dieses Buffets geht eine sorgfältige Planung voraus.

Die Einteilung setzt sich in der Regel aus fünf Bildern zusammen. Alle nur erdenklichen Heringskombinationen führen den Reigen an. Es folgen weitere Fischgerichte, Salate, Fleischspeisen, kleine warme Gerichte, Käse und Desserts.

Der Hering, *sill*, ist traditionsgemäß der König der Vorspeisen. Ob in Gelee, mariniert, süß-sauer, geräuchert, gebraten, als Glasbläserhering, Matjeshering, Salzhering, Rollmops, Bückling in Senfmarinade, jede Zubereitungsart stellt eine Gaumenfreude dar. Die Beigaben sind: Zwiebelringe, Cornichons, rote Bete, viel Dill und pikante Saucen. Verschiedene Brotsorten, Knäckebrot und Butter gehören dazu. Ein paar kleine, heiße Pellkartoffeln runden den ersten Gang ab.

Das zweite Bild wird ausgeschmückt mit allerlei Schalen- und Krustentieren sowie Fischen, die wie die Vorspeise in kalter Form zubereitet werden, allen voran der Lachs in vielen köstlichen Varianten: mariniert, wie der berühmte *gravad lax*, aber auch geräuchert und serviert mit der obligatorischen süßen Senfsauce. Außerdem gehören Lachsforelle, Aal und Kaviar dazu.

Im dritten Bild zeigen sich zahlreiche Salate in bunter Farbenpracht. Daneben erscheinen kalter Aufschnitt wie gekochter oder geräucherter Schinken, schön aufgelegte Bratenscheiben vom Wild, Rentier, Rind, Schwein, Lamm, desweiteren Rippenspeer, Sülze, Pasteten, Wurst; auch geräucherte Würste sind beliebt, etwa die herzhafte, leicht säuerliche *femmarkerkorv*, die sogenannte Gutshofwurst *herrgårdskorv*, die salamiähnliche, jedoch salzigere und mit Zwiebeln gewürzte *spickekorv* sowie Geflügel.

Das vierte Bild ist dem *småvarmt* vorbehalten. Man versteht darunter mehrere warme Kleingerichte nach Art echter Hausmannskost. Das können sein: Janssons Versuchung, ein kleines Kartoffelgericht mit Anchovis sowie Fleischbällchen oder köstlich gefüllte Zwiebelröllchen.

Das letzte Bild setzt sich aus feinen Käsesorten zusammen wie zum Beispiel *kryddost*, einem Gewürzkäse mit Kümmel und Gewürznelken, dem *sveciaost*, der jung sehr mild schmeckt, ausgereift aber ein starkes, scharfes Aroma bekommt. Oder dem saftig-spröden *västerbottenost*, der, je älter er ist, im Geschmack um so schärfer und herber wird. Unter weiteren Köstlichkeiten findet man ihn auf jedem größeren Buffet. Dann folgen Obstsalate, frische Früchte, Pudding, Kompott und die traditionelle rote Grütze.

Um all das recht zu genießen, hält sich der Schwede an den landläufigen Spruch: „Gutes essen, Schönes essen, zur rechten Zeit genüßlich essen.“ Zeit muß man mitbringen. Dann wird man als erstes den Tisch umschreiten und nach gebührender Anerkennung eine erste Auswahl verschiedener Heringshappen treffen. Trotz der großen Versuchung sei angeraten, nur jeweils kleine Portionen zu wählen, um möglichst viele der leckeren Dinge probieren, aber auch noch bis zum Ende des Smörgåsbord durchhalten zu können. Der Schwede liebt es, den Hering mit einem eisgekühlten Aquavit zu begießen. Auch ein Stückchen Käse verträgt sich bereits mit den Heringshappen. Ist der leere Teller abgeräumt, wagt man einen Versuch mit anderen Fischgerichten, die auf die vielfältigste Art den Fischreichtum von Schwedens Süßwasserseen und den umgebenden Meeren dokumentieren. Der Hering ist an dieser Stelle nicht mehr vertreten, denn der Schwede macht einen feinen Unterschied zwischen seinem geliebten Hering und dem übrigen Fisch. Anschließend gibt es Fleisch, dazu eine große Auswahl an Salaten.

Die warmen Gerichte, das Småvarmt des Smörgåsbord, fehlen zum schwedischen Mittagessen *lunch*. Dagegen werden sie zur Hauptmahlzeit *middag*, in Schweden gleichbedeutend mit Abendessen, serviert.

An Getränken werden entweder Milch oder *öl*, Bier, gereicht. Wein gibt es seltener.

Schweden ist ein Land der unberührten Natur und grenzenlosen Weite. Als flächenmäßig größtes der skandinavischen Länder bietet es eine Vielzahl an unterschiedlichen Landschaften. So findet man im Landesinneren beeindruckende Seenlandschaften (links oben).
Das der Ostküste vorgelagerte Öland wird gerne als Insel der Windmühlen bezeichnet. Von ehemals tausend sind heute noch vierhundert erhalten (links unten).
Mit unzähligen Schären und Fjorden, kleinen Buchten und Stränden ist die Westküste der schönste Teil des Landes. Charakteristisch für diese Region sind die kleinen rotgestrichenen Holzhäuser wie hier in Hamburgö (oben).

Nun folgen Käse und Obst. Und auf den, der es noch schafft, wartet eines der süßen Desserts. Aber das Mahl wäre nicht vollständig, gäbe es nicht als Abschluß noch Gebäck und Kaffee.

Das schwedische Smörgåsbord erweckt unwillkürlich die angenehme Vorstellung, man befände sich im Schlaraffenland. Es kann aber auch als Ausdruck schwedischer Gastlichkeit verstanden werden. Mit einer großzügigen Geste lädt es zum Selbstbedienen ein, so daß man gut daran tut, sich einer gewissen Selbstdisziplin zu unterwerfen. Jeder kann nach eigenem Ermessen handeln. Niemandem würde es einfallen, Einhalt zu gebieten. Wer Schweden kennt, kann da schon leicht ins Schwärmen geraten. Und, obwohl fremdländische Einflüsse sich in letzter Zeit auch auf die schwedische Küche ausgewirkt haben, ist in Schweden immer noch die alte Tradition der Eßgewohnheiten gegenwärtig. So hat die schwedische *husmanskost*, die Hausmannskost, nichts an Bedeutung eingebüßt. Im Gegenteil, die bewährten alten Rezepte sind wieder aktuell, wenn auch der heutigen Vorstellung von gesundem Essen mit weniger Fett und mehr Vollwertkost angepaßt.

Zu keiner anderen Zeit wie gerade zu Weihnachten sind die Schweden so bemüht, die alten Sitten zu bewahren. Schon die Vorbereitungszeit im Dezember, wenn der Duft des weihnachtlichen Backens und Kochens durch das Haus zieht, ist ein Vergnügen für die ganze Familie. Aber der Heilige Abend ist der wichtigste Augenblick. Schon am frühen Nachmittag wird das festliche Smörgåsbord aufgebaut. Dann werden die Geschenkpakete unter den Weihnachtsbaum gelegt. Nach alter Tradition beginnt nun der gemeinsame Tanz um den Baum. Danach werden die Geschenke ausgepackt und bewundert. Anschließend gibt es in einigen Familien *dopp i grytan*, bei dem eine Scheibe Roggenbrot in heiße Schinkenbrühe getaucht, aufgeweicht und mit Schinken oder kleinen Würsten gegessen wird. Zur Abwechslung wird Kaffee und selbstgebackenes Weihnachtsgebäck serviert.

In anderen Familien wird auch heute noch das traditionelle weihnachtliche Abendessen mit *lutfisk* als Hauptgericht serviert. Das ist eine besondere Art getrockneter Fisch, der seinen etwas eigenartigen Geschmack einer Pökelmethode verdankt, die in früherer Zeit der Haltbarmachung diente.

Als Nachtisch gibt es dann Reisbrei, *risgrynsgröt*, mit Zimt und Zucker bestreut. Der Reisbrei sorgt an Weihnachten für eine Belustigung besonderer Art. Nach altem Glauben kann man mit seiner Hilfe in die Zukunft schauen. Dazu mischt die Hausfrau ein paar süße und bittere Mandeln unter den Brei. Wer eine süße Mandel beim Essen findet, wird im kommenden Jahr heiraten. Eine bittere Mandel bedeutet ein weiteres Junggesellenjahr. Eine blanke Münze verspricht Reichtum. Noch heute hängen viele Schweden an diesem und vielen anderen von den Altvorderen überlieferten Bräuchen.

Die alten Schweden waren Jäger, Helden, Kaufleute und bodenständige Bauern. Vor etwa 2000 Jahren lebten in Mittelschweden die Svaer. Das waren tüchtige Leute, die schon den römischen Geschichtsschreiber Tacitus beeindruckt hatten. Diese Svaerstämme nahmen in der Folgezeit eine führende Stellung ein und gaben mit ihrem Stammesnamen dem Land – *Sverige* – seinen Namen.

In Schweden gibt es einige tausend Runensteine und Grabstellen der Fürsten, sogenannte Schiffssetzungen, die alle von der großen Vergangenheit ein beredtes Zeugnis ablegen. In Südschweden, in Schonen, hatten sich einige Germanenstämme der Danni, später wurden sie Dänen genannt, festgesetzt. Auch dort sind Zeugen der alten Kultur erhalten geblieben. Schonen mit seinem fruchtbaren Land gilt in Schweden als Garten Eden.

Je weiter man nach Norden reist, um so waldreicher, bergiger und urwüchsiger wird die Landschaft. In den ausgedehnten Waldgebieten gibt es viel Wild. Die Jagdsaison auf Elch, Hirsch, Reh, Hase und Wildvögel ist für die Schweden alljährlich ein wichtiges Datum.

Mit Erreichen des Polarkreises wird die Vegetation niedriger und karger. Es herrschen Rentiermoos, Flechten und Buschwerk vor. Hier reifen in den kurzen Sommern die Multbeeren, Brombeeren, Heidelbeeren und Preiselbeeren. Wegen des warmen Sommers gedeihen auch hier noch Gerste und sogar Kartoffeln.

Schweden ist von jeher gegenüber dem angrenzenden Norwegen in landschaftlicher sowie klimatischer Hinsicht von der Natur begünstigt. Seine Bewohner mußten nicht einen ständigen Kampf gegen den Hunger führen. Um so schwerer hatten es vor etwa 1000 Jahren die Missionare, die dort ansässigen Wikinger von der Notwendigkeit des Fastens in der Vorosterzeit zu überzeugen. Die Obrigkeit der Kirche sah sich schließlich gezwungen, so sagt man, den murrenden Wikingern für jeden Dienstag der Fastenzeit ein deftiges Essen zuzugestehen. Es bestand aus gebratenem Pökelfleisch vom Schwein mit braunen Bohnen und als Nachspeise einem Fastendienstagswecken, dem *fettisdagsbulle*. Viele Schweden halten sich heute noch an diesen Brauch.

Am längsten Tag des Jahres, dem 24. Juni, wird in Schweden das Mittsommerfest gefeiert. Es ist ein fröhliches, ausgelassenes Fest mit Tanz, gutem Essen und Trinken im Freien. An diesem Tag gehören Gravad Lax mit einer Senf-Dill-Sauce und gebratene Poulardenbrust mit kleinen runden Pellkartoffeln der neuen Ernte zum traditionellen Menü. Dazu gibt es frischen Salat und natürlich Erdbeeren mit Schlagsahne.

Zum Schluß verdient noch ein Eintopfgericht eine Erwähnung. Es ist die seit Jahrhunderten bekannte *ärtsoppa*, die gelbe Erbsensuppe, die vielleicht schon zur Zeit der Wikinger beliebt war. Nach altem Glauben waren Hülsenfrüchte die Lieblingsspeise der Götter. Die Erbsensuppe gehört in Schweden auch heute noch jeden Donnerstag im Winter auf den Tisch. Reicht man noch mit Konfitüre gefüllte Pfannkuchen als Dessert, so ist das schwedische Nationalgericht komplett. Mit geladenen Gästen trinkt man dazu Aquavit und schäumendes, kühles Bier.

– Skål –

Ein Labyrinth von Seen, bewaldeten Inseln und Wasserläufen durchzieht die finnische Seenlandschaft bis fast an den Finnischen Meerbusen. Das Land der tausend Seen bringt es – ohne die kleineren Seen mitzuzählen – auf die stattliche Anzahl von 62 000. In dieser ruhigen, ursprünglichen Landschaft erholen sich die Finnen gerne von den Anstrengungen des Alltags.

Von Krebsen und Schnäpsen

Gemessen an der riesigen Landfläche kann man Finnland mit knapp 5 Millionen Einwohnern nicht gerade als dichtbesiedelt ansehen. Als Reisendem fällt einem die Naturverbundenheit des finnischen Menschen nachhaltig auf. Der Finne versteht sich als Teil der Natur. Das findet seinen Niederschlag in der Küche, in der Art, die Naturprodukte zu nutzen, aber auch in der Kunst der Darstellung. Man denke nur an das Design und die Ausdruckskraft von gestalteten Gegenständen aus Glas, Porzellan, Keramik und Textil: schlicht und klar in der Form und daher so bestechend in der Schönheit. Ebenfalls nicht zu vergessen sind die Möbel aus dem natürlichsten Stoff – Holz. Hier wurde ein besonderer skandinavisch-finnischer Stil entwickelt.

Auf der Pariser Weltausstellung von 1900 der Weltöffentlichkeit erstmals vorgestellt, gelangte das finnische Kunsthandwerk international zu Anerkennung und Ruhm. Kein Wunder, denn seit Jahrhunderten war es der Finne gewohnt, seine Gebrauchsgegenstände selbst zu fertigen. Die Einsamkeit in von riesigen Wäldern umgebenen Dörfern zwang ihn dazu. Den Umgang mit dem Finnenmesser erlernte er schon von Kindesbeinen an. So wurden handwerkliches Können und schöpferisches Gestalten frühzeitig entwickelt und zu hoher Vollkommenheit gebracht. Nach der Ausstellung in Mailand 1957 erlebte der Export von finnischem Kunsthandwerk einen neuen Höhepunkt.

Bleibt noch die Frage nach der Herkunft dieses fleißigen, naturbegabten Volkes. Es kam vor mehr als 2000 Jahren aus dem mittleren Rußland, zog in die Gebiete des Baltikums ein, um allmählich immer weiter nach Norden vorzudringen. Die kostbaren Pelztiere waren dabei von erheblicher Bedeutung. Die ursprüngliche Bevölkerung, die Samen, wurde nach Norden abgedrängt.

Die Bedeutung des Pelzhandels ist zurückgegangen. Doch die Natur bestimmt noch immer den Lebensrhythmus eines Großteils der finnischen Bevölkerung. Gut ein Viertel lebt heute noch von der Land- und Forstwirtschaft. Im Sommer gehen die Bauern der Arbeit auf ihren Feldern nach, die langen Winter verbringen sie jedoch in den Wäldern, um Holz zu schlagen und die Stämme zu entrinden. Im Frühjahr, wenn die Seen und Flüsse vom Eis befreit sind, werden die Stämme zu riesigen Flößen verbunden und zur Küste transportiert. Der Export lohnt sich. Mit fast 20 Millionen Hektar Wald ist Finnland nach der Sowjetunion und Schweden das drittgrößte Holzexportland Europas. Im Süden stehen hauptsächlich Fichten und Laubbäume, nach Norden hin überwiegen Kiefern und Birken, durchsetzt von Unterholz. Hier gedeihen die wildwachsenden Beerensträucher am besten.

Heidelbeeren, Preiselbeeren, Moos- und Multbeeren, *lakkoja* genannt, spielen neben Pilzen bei den finnischen Gerichten eine große Rolle. Die Finnen lieben den wilden, herben Naturgeschmack dieser Beeren. Daher ist es nicht verwunderlich, daß viele Speisen mit Beerenmus abgerundet werden. Moosbeeren kommen überall in den Wäldern vor. Es gibt sie reichlich. Sie ähneln unseren Preiselbeeren im Aussehen und Geschmack, sind aber viel kleiner und besitzen ein etwas harziges Aroma. Man serviert sie zu Fleischgerichten, insbesondere zu Wildbraten. Die etwas größeren finnischen Preiselbeeren, die ebenfalls im ganzen Land verbreitet sind, werden wegen ihres herben Geschmacks ebenso vielfältig verwandt. Im Herbst zur Reifezeit kann man sich dem feinen Duft, der über den Flächen liegt, nicht entziehen. Gepflückt werden sie jedoch im allgemeinen erst im Frühjahr, nach der Schneeschmelze. Sie sind dann weicher und haben weniger Säure.

Nördlich der Baumgrenze geht die Vegetation langsam in die Sumpftundren und in westlicher Richtung in die Felstundren über. Hier

Um den Elch, das stattlichste und majestätischste Tier des Nordens, ranken sich viele Geschichten und alte Sagen. Eine davon berichtet, daß der Elch ursprünglich als sechsfüßiges Tier vom Himmel auf die Erde herabgestiegen sei und so schnell war, daß ihm kein Sterblicher zu folgen vermochte. In der Tat, trotz seines enormen Gewichts erreicht der Elch mühelos erstaunliche Geschwindigkeiten. Sein ausladendes, schaufelförmiges Geweih kann eine Spannweite von bis zu zwei Metern erreichen.

haben es sogar Birken schwer, sich zu behaupten und kümmern buschartig dahin. An ihre Stelle treten jetzt Moose und Flechten. Diese bilden die Nahrungsgrundlage für das Ren. Das halbdomestizierte, in großen Herden gehaltene Ren gibt neben Fischen den Samen alles, was sie zum Leben benötigen.

In Süd- und Mittelfinnland, zwischen Wäldern und Seen eingebettet, liegen große Moor- und Sumpfflächen. Dort kann man mit ein wenig Glück dem größten Wild des Landes, dem Elch, in freier Wildbahn begegnen. Wölfe, Bären und Vielfraß sind selten geworden.

Größere Bedeutung kommt im Land der hunderttausend Seen dem Fischreichtum zu. Vor allem sind es Lachse und Forellen, die den Speisezettel bereichern, aber auch ein gebakkener Hecht wird nicht verachtet. Die Hochseefischerei bietet hauptsächlich Dorsch und Hering an.

Besonders im Hochsommer zeigt sich die Naturverbundenheit des Finnen. Dann ist die Zeit der Krebse. Sie werden aus den zahllosen Flüssen und Seen geerntet. Zum alljährlichen traditionellen Krebsessen zieht es die Finnen an die bewaldeten Ufer, um diesem Eßvergnügen in feucht-fröhlicher Runde zu frönen.

Ein Bummel über einen der Wochenmärkte der finnischen Ortschaften kann reizvoll und aufschlußreich zugleich sein. Er bietet einen Überblick über die Produkte des Landes. Hier ein Stand mit Gemüsesorten: rote Tomaten, Berge gelber Steckrüben, weißer Rettich, dazwischen Köpfe von weißem und rotem Kohl, grüne Gurken, Bündel von Staudensellerie, alles frisch und fein gesäubert. In dem Eimer daneben, nein, das sind keine Blumen, die die bäuerliche Landfrau anbietet, das sind Büschel der beliebtesten Gewürzpflanze: Dill mit Blütendolden. Der Finne liebt alles aus seiner ihn umgebenden Natur. Daher auch die zahlreich eingestreuten Blumenstände. Dann wieder muß man vor Holzfässern und Bottichen stehenbleiben, in denen unter Wasser Preisel- und Moosbeeren aufleuchten. Andere sind angefüllt mit in Salz eingelegten Pilzen oder mit Essigfrüchten. Auf dem übernächsten Tisch häufen sich säuberlich und schön anzusehen Äpfel, Birnen, Pflaumen. An einer Stange baumeln Wildvögel. Des weiteren werden gesalzene oder frische Fische angeboten. Der Markt ist eine wichtige Begegnungsstätte der Menschen. Aber es geht nicht laut zu. Der Finne kann, ohne viel zu reden, viel sagen. Groß und Klein, Alt und Jung sitzen hier auf einer Treppe oder dort beschaulich auf einer Bank. Es hat den Anschein, als ob sie ständig auf etwas warteten. Aber vielleicht ist es nur eine Art Lebensphilosophie, die wir in Mitteleuropa nicht mehr beherrschen. Faulheit ist es jedenfalls nicht. Der Finne ist sehr arbeitsam und ausdauernd. Das bedeutet auch der Begriff *sisu*, der am treffendsten mit Durchhaltevermögen übersetzt wird.

Eine urwüchsige Lieblingsspeise der Finnen ist die Grütze, wie sie uns eigentlich nur noch aus alten Erzählungen und Märchen bekannt ist. Ungeschrotetes Gerstenkorn wird einige Stunden in Milch gekocht, bis es weich wird und eine rötlich-braune Farbe annimmt. Hierzu wird mit Vorliebe Beeren- oder Hagebuttenmus gereicht. Es gibt viele Arten von Grützen, so zum Beispiel *talkkuna*. Die Hitze der Sauna oder des Backofens wird zum Rösten von Getreide ausgenutzt, das vorher in gewürztem Wasser aufgekocht wurde. Aus dem so gedörrten Getreide wird Mehl für die Grütze grob gemahlen.

Finnland ist wie die übrigen skandinavischen Länder reich an Brotsorten, die je nach Gegend unterschiedlich in Herstellung und Geschmack ausfallen. Im westlichen Landesteil, wohl auch durch den Einfluß Schwedens, sind Brote flach, hart und knusprig. Das Loch in der Mitte diente in früheren Zeiten zum Aufreihen der Brote auf Stangen, damit man sie auf dem Dachboden oder Speicher zur Vorratshaltung aufbewahren konnte. Im östlichen Landesteil ähneln die Brote eher den russischen, die mehr Feuchtigkeit enthalten. Sie sind auch dicklaibiger.

An den unterschiedlichen Brotsorten wird auch ersichtlich, daß die finnische Küche von

Einflüssen aus West und Ost geprägt wurde. Im 12. Jahrhundert wurde Finnland durch Schweden erobert und anschließend eine gleichberechtigte Provinz mit der Hauptstadt Turku. Dadurch fand Finnland Anschluß an die Kultur des mittelalterlichen Europas. In den folgenden 600 Jahren konnte das nicht ohne Einfluß auf die Eßgewohnheiten bleiben. Interessant ist in diesem Zusammenhang die finnische Parallele zum schwedischen *smörgåsbord*, das hier *voileipäpöytä* heißt.

Der Einfluß aus dem Osten auf die finnische Küche begann vornehmlich nach 1809, als Schweden die Provinz Finnland an Rußland abtreten mußte. Karelien gilt hierbei als das Bindeglied zur Eßkultur des Osten. Zahlreiche Gerichte, und nicht die schlechtesten, fanden Eingang in die finnische Küche. Der traditionelle Osterpudding, *mämmi*, wird aus Roggenmehl, Roggensalz, Zuckerrübensaft, Bitterorangenschalen, Salz und Wasser zubereitet. Die Herstellung braucht Geduld und Geschicklichkeit. Nach einigen Tagen erst ist er am schmackhaftesten. Man ißt die Speise kalt, bestreut mit Zucker und reicht flüssige Sahne dazu. In früheren Zeiten aß man diese Osterspeise aus Birkenrindenschalen. *Pasha* ist eine russische Käsespeise. Eine weitere Besonderheit der karelischen Küche ist die *piirakka*, eine Art Pastete. Der Name knüpft an das russische Wort Pirogge an. Bei der Piirakka wird eine Füllung in eine Hülle aus Roggenteig eingebacken. Die Füllung kann aus Reis mit Fleisch, Kartoffeln und Gemüse mit Speckeinlage oder Käse bestehen. Das Aussehen der Piirakka gleicht dem eines Brotes und kann heiß mit zerlassener Butter und kleingehackten Eiern gegessen werden. Sie schmeckt aber auch kalt sehr gut. Man nimmt sie daher gerne mit zur Arbeit oder zum Picknick. So dient sie im Winter den Waldarbeitern als tägliche Nahrung.

Eine besondere Variante der Piirakka ist der aus der Provinz Saro in Mittelfinnland stammende *kalakukko*. Er kann eine beträchtliche Größe erreichen. Die Teighülle ist daher auch entsprechend dicker als bei der Piirakka. Die Füllung besteht aus mehreren kleinen Fischen. Der Fisch, *muikku*, ist ein Verwandter des Lachses. Er kommt jedoch nur im Süßwasser vor. Als Alternative kann man auch jeden anderen Süßwasserfisch verwenden. Die Fische werden nur gesäubert, aber nicht entgrätet. Nach dem Salzen legt man Streifen von fettem Schweinefleisch darüber und schließt die Teighülle. Der heiße Backofen vollendet das Ganze. Ein ähnliches Gericht heißt *patakukko*.

Auflaufgerichte und Eintöpfe sind in Finnland sehr beliebt. Der *lanttulaatikko* ist ein Auflauf aus Steckrüben, einem in Finnland sehr geschätzten Gemüse. An den etwas erdigen Geschmack kann man sich schnell gewöhnen. Entsprechend einer alten Tradition ist dieses Gericht fester Bestandteil des finnischen Weihnachtsessens. Der Fischreichtum der unzähligen Gewässer Finnlands, aber auch die Angelleidenschaft der Menschen sorgt für ein weiteres nahrhaftes Gericht, den Fischtopf *kalapata*. Derartige Gerichte hatten durchaus auch ihre praktische Seite. Nach dem Backen von Broten konnte die noch vorhandene Ofenhitze genutzt werden, während man der Arbeit auf dem Feld oder im Wald nachging.

Auch einige andere Spezialitäten der russischen Küche sind weit verbreitet. Die berühmte Kohlsuppe Borschtsch gehört dazu. Ebenso ißt man pikante Fleischspieße, am offenen Feuer schnell gegrillt, sehr gern.

Beliebte Getränke sind Bier und Milch. Es ist durchaus keine Seltenheit, daß auch heute noch der Gerstensaft selbst gebraut wird. Ihm wird reichlich zugesprochen, ebenso schärferen Getränken. Es ist hier weniger der Aquavit wie im übrigen Skandinavien, sondern, mit Rußland vor der Tür, vielmehr der Wodka.

Die finnische Küche steht für Natur. Wer das Natürliche rein und unverfälscht erleben möchte, dem sei daher diese Küche angeraten. Wenn schon nicht wie Gott in Frankreich, so lebt der Finne auch heute noch von dem, was seine Vorfahren schon vor Hunderten von Jahren kulinarisch erfreute – und das ihm Gesundheit und Lebensfreude verspricht.

In Lappland, der größten und nördlichsten Region Finnlands, lebt gerade eine Viertelmillion Menschen. Fast ebenso viele Rentiere ziehen auf ihren grenzübergreifenden Wanderungen über die finnischen Fjells. Ein altes Sprichwort sagt: Ren, Lappland und Samen gehören zusammen wie Tabak, Feuer und Pfeife, die unentbehrlichen Utensilien eines jeden Samen.
Oben: Rentier und Pulkka-Schlitten, das einst klassische Verkehrsmittel im winterlichen Lappland. Aber auch hier dringt die Technik immer stärker vor. Häufig verdrängt der Motorschlitten das Ren als Zugtier.

Aal in Biersauce

Ål med ölsås
Schweden

Die Schweden lieben alles, was aus Meeren, Seen und Flüssen auf den Tisch kommt. Ein besonderer Leckerbissen ist für sie der Aal. Das Laichgebiet des Aals liegt mitten im Atlantik, im sogenannten Sargassomeer. Nachdem die Aale dort ihren Laich abgelegt haben, stirbt die Elterngeneration ab. Die sich entwickelnden Larven beginnen eine mehrjährige Wanderschaft, bis sie schließlich die europäischen und damit auch die schwedischen Küsten- und Binnengewässer als Glasaale erreichen. Sie sind jetzt etwa 6 Zentimeter lang. Bis zur vollen Größe brauchen sie etwa 7 bis 10 Jahre. Als ausgewachsene Tiere wandern sie wieder zum Laichen in das Sargassomeer zurück, wo der Kreislauf von neuem beginnt. Beim herbstlichen Aal-Festessen wird diese Delikatesse auf unterschiedlichste Weise serviert: gekocht, gegrillt, gebraten, geräuchert. Selbstverständlich gehört auch immer ein Aquavit dazu.

1 kg Aal, 3/8 Liter Bier, 1 Zwiebel, 4 Pfefferkörner, 1 Lorbeerblatt, 1 Stück unbehandelte Zitronenschale, 1 Dillzweig, Salz, 30 g Butter, 25 g Mehl, Pfeffer

Den gesäuberten, ausgenommenen, gewaschenen und gehäuteten Aal in etwa 6 cm große Stücke schneiden. Das Bier mit der kleingeschnittenen Zwiebel und den Gewürzen zum Kochen bringen und die gesalzenen Aalstücke darin zugedeckt 20 Minuten langsam pochieren. Die Butter in einem zweiten Topf erhitzen, das Mehl hineingeben und kurz durchschwitzen lassen. Mit dem durch ein Sieb gegossenen Sud ablöschen und einige Minuten kochen. Mit Salz und Pfeffer abschmecken. Zum Schluß die Aalstücke in die Sauce geben und heiß servieren.

Schwedischer Apfelkuchen

Svensk äppelkaka
Schweden

Für süßes Gebäck und Kuchen sind die Schweden immer zu haben. Sei es zu einer Tasse Kaffee oder als Abschluß einer Mahlzeit: ein, besser zwei Stücke werden selten verschmäht.

Svensk äppelkaka ist eigentlich kein Kuchen, sondern eine Nachspeise. Entweder kommt sie mit Vanillesauce heiß vom Backofen direkt auf den Tisch oder mit halbsteif geschlagener süßer Sahne, die mit etwas saurer Sahne vermischt wurde. Beides schmeckt ausgezeichnet dazu.

60 g Rosinen, 3 EL Rum, 120 g Butter, 60 g Zucker, 1 Päckchen Vanillezucker, 2 Eier, 100 g gemahlene Mandeln, abgeriebene Schale und Saft von 1/2 unbehandelten Zitrone, 1/2 TL Zimt, 5–6 Äpfel (je nach Größe), Butter für die Form

Die Rosinen in Rum einlegen. Butter, Zucker und Vanillezucker schaumig rühren. Die Eier trennen. Eigelb, Mandeln, Zitronenschale und Zimt zufügen. Eiweiß steifschlagen und unter die Masse heben. Die Äpfel schälen, vom Kerngehäuse befreien, in Scheiben schneiden und mit Zitronensaft beträufeln. Eine feuerfeste Form einfetten, die Äpfel fächerförmig anordnen und die Rumrosinen darübergeben. Die Mandelmasse daraufstreichen und im vorgeheizten Ofen etwa 20 Minuten bei 180–200 °C backen.

Apfelsuppe

Æblesuppe
Dänemark

Wenn die goldene Herbstzeit kommt und die Obstbäume voller Früchte hängen, bereichert so manche dänische Hausfrau die tägliche Abendmahlzeit durch eine Suppe besonderer Art. Fruchtsuppen werden vor allem wegen ihres erfrischenden Geschmacks geschätzt. Besonders Äpfel lassen sich gut verwenden. Die dänische Apfelsuppe schmeckt warm wie kalt gleichermaßen gut.

600 g Äpfel, 1 Vanilleschote, 1/2 Liter Apfelmost, 1 1/2–2 EL Maisstärke, 1 Prise Zimt, Zucker nach Geschmack und Süße der Äpfel, Saft und abgeriebene Schale von 1/2 unbehandelten Zitrone, 1–2 EL Aquavit, 1/8 Liter geschlagene süße Sahne

Die Äpfel schälen, vom Kerngehäuse befreien und in 1/2 Liter Wasser mit der aufgeschnittenen und ausgeschabten Vanilleschote weich kochen. Anschließend die Äpfel pürieren oder durch ein Sieb streichen. Den Apfelmost zugeben, mit der angerührten Maisstärke andikken und kurz aufkochen. Mit Zimt, Zucker, Zitronensaft und Zitronenschale abschmekken und mit dem Aquavit abrunden. Mit Sahnetupfen garniert servieren.

Biersuppe

Øllebrød
Dänemark

Eine besondere Spezialität aus Dänemark ist die Biersuppe, die auch gerne zu festlichen Anlässen serviert wird. Sollten Sie einmal eine Einladung in eine dänische Familie erhalten, werden Sie sich sicherlich an ihrem Wohlgeschmack erfreuen können.

Biersuppen sind auch in den anderen skandinavischen Ländern beliebt, allerdings variieren hier häufig Zutaten und Zubereitung.

5 EL altes geriebenes Schwarzbrot, 3/4 Liter Malzbier, 1 1/2 EL Zucker, 1/2 TL Vanillezucker, 1 Stück Zimtstange, 1 Prise Salz, 1/4 unbehandelte Zitrone, 2 Eigelb, 1/4 Liter süße Sahne

Brot mit Bier, Zucker, Vanillezucker, Zimtstange, Salz und Zitrone aufsetzen und bei kleiner Hitze köcheln lassen. Zimtstange und Zitrone entfernen. Eigelb mit der Hälfte der Sahne und etwas Suppenbrühe verquirlen. In die heiße Suppe einrühren, aber nicht mehr kochen lassen.

Jede Portion Suppe mit einer Haube steifgeschlagener Sahne überziehen.

Bornholmer Salat

Salat Bornholm
Dänemark

Ist es verwunderlich, daß Hering, die vor den skandinavischen Küsten am meisten gefangene Fischart, auch die vielfältigste Verwendung findet?
Wenn Sie Appetit auf etwas Herzhaftes haben, dazu gerne ein erfrischendes Bier trinken möchten und das Ganze nicht zuviel Vorbereitungszeit kosten soll, dann ist der Bornholmer Salat genau das richtige für Sie.

3 geräucherte Heringe (Bücklinge).
Für die Sauce: *1 kleine Zwiebel, 1/2 Bund Petersilie, 1 Bund Dill, 1 Bund Schnittlauch, 2 EL Essig, Salz, 1 Messerspitze frisch gemahlener weißer Pfeffer, 4 EL Öl, 1/2 EL Tomatenketchup, 1 EL saure Sahne, 2 EL süße Sahne.*
3 hartgekochte Eier, 1 Tomate

Die Bücklinge filetieren.
Für die Sauce: Zwiebel fein schneiden und die Kräuter hacken. Einige Stengel für die Garnitur zurückbehalten. Essig mit Salz und Pfeffer verrühren. Öl, Tomatenketchup und saure und süße Sahne nach und nach zugeben. Die Zwiebelwürfel und die gehackten Kräuter zufügen.
Bücklingsfilets mit Eischeiben in eine Schüssel schichten, die Sauce darübergießen und etwas durchziehen lassen.
Mit Kräutern und Tomatenachteln garnieren.

1895
DE LUXE

Kalte Buttermilchsuppe

Kærnemælkskoldskål
Dänemark

Milcherzeugnisse sind in Skandinavien sehr verbreitet. Insbesondere die Zubereitung von Sauermilchprodukten kann auf eine alte Tradition zurückblicken. Noch heute wird in den nordischen Ländern viel mehr Milch als in Mitteleuropa getrunken.
Bei einem Besuch in einer der zahlreichen Milchbars in Dänemark, einer *mælkebar*, kann man sich von der Vielzahl der schmackhaften Erzeugnisse überzeugen.

60 g Rosinen, 3 EL Sherry, 2 Eigelb, 50 g Zucker, 1 EL Zitronensaft, abgeriebene Schale von 1/2 unbehandelten Zitrone, 60 g gemahlene Mandeln, 1 Liter Buttermilch, 1/8 Liter geschlagene süße Sahne

Die Rosinen in Sherry einlegen. Eigelb und Zucker schaumig schlagen. Zitronensaft, Zitronenschale, Mandeln und die Buttermilch unter ständigem Rühren zufügen. Zum Schluß gibt man die Rosinen hinein und serviert die Suppe gut gekühlt und mit einem Sahnetupfen verziert.

Elchbraten

Elgstek
Norwegen

Wildbret ist in Norwegen und Schweden in vielen Fällen gleichbedeutend mit Wildbret von Elchen. Mit etwas Glück werden Sie den prächtigen Tieren, die vornehmlich die nördlichen Regionen durchstreifen, in freier Wildbahn begegnen.
Anstelle von Elchfleisch kann auch Fleisch vom Hirsch verwendet werden.

1 kg Elchfleisch (Keule).
***Für die Marinade:** 1/2 Liter Rotwein, 3 EL Öl, 5 Wacholderbeeren, 2 zerstoßene Pimentkörner, 1 Lorbeerblatt, Salz.*
4 EL Öl, 1 Zwiebel, 1 Karotte, 1 Stück Sellerieknolle, 200 g durchwachsener Speck, 500 g Pfifferlinge, 1/8 Liter süße Sahne, einige Tropfen Worcestershiresauce

Den Elchbraten über Nacht in die vorbereitete Marinade legen. Abtropfen lassen, trokkentupfen und im heißen Öl anbräunen. Kleingeschnittene Zwiebel, Karotte und Sellerieknolle zugeben und den in dünne Scheiben geschnittenen Speck über den Braten legen. Etwas von der Marinade angießen und bei 190 °C gut 2 Stunden garen. Ab und zu Marinade zugießen. 20 Minuten vor Ende der Garzeit die gesäuberten Pfifferlinge zugeben.
Den Bratenfond mit Sahne verfeinern, mit Worcestershiresauce würzen und als Sauce dazu servieren.

Erbseneintopf

Ärter och fläsk
Schweden

Überall kennt man grüne und gelbe Erbsen. Doch die Schweden, so scheint es, haben sich vor Jahrhunderten für die gelben Erbsen entschieden.

Der Brauch, im Winter donnerstags Erbsensuppe zu essen, ist auf einen alten Glauben der Wikinger zurückzuführen. In ihren Vorstellungen waren die Hülsenfrüchte beliebte Speisen der Götter. Aus diesem Grunde, und um Donar freundlich zu stimmen, wurden donnerstags Erbsen gekocht.

Einem geladenen Gast zu Ehren wird häufig dieses Gericht serviert. Nicht zuletzt auch deswegen, weil dazu ein Aquavit und schäumendes Bier gut passen und für eine fröhliche Stimmung sorgen.

300 g getrocknete gelbe Erbsen, 2 Liter Wasser, Salz, weißer Pfeffer, Majoran, Thymian, 1 Zwiebel, 1 Schinkenknochen, 600 g Schweineschulter, 1 Porreestange, 2 Karotten, 150 g Knollensellerie, 1 Bund Petersilie

Die Erbsen waschen und über Nacht einweichen. Am nächsten Tag im Einweichwasser mit den Gewürzen, der kleingehackten Zwiebel und dem Schinkenknochen zum Kochen bringen. Nach gut einer Stunde leichten Köchelns die Schweineschulter und das kleingeschnittene Gemüse zufügen und noch weitere 1 1/2 Stunden garen. Den Schinkenknochen entfernen. Das Fleisch herausnehmen, in Würfel schneiden und in die Suppe zurückgeben. Abschmecken und die kleingehackte Petersilie darüberstreuen.

Die Finnen verwenden zum Würzen dieser Suppe Senf. Zumindest wird er am Tisch bereitgestellt.

Gelaugter Fisch

Lutfisk
Schweden

Lutfisk ist ein in Sonne und Luft getrockneter Lengfisch, der seinen etwas eigenartigen Geschmack einer mittelalterlichen Pökelmethode verdankt. Die Zeiten, in denen Vorräte für den langen, kalten Winter angelegt werden mußten, sind zwar längst vergangen, trotzdem gehört dieser Fisch auch heute noch zu den traditionellen Essen in Skandinavien, ausgenommen Dänemark.

Wie Reisbrei so wird auch der Lutfisk in vielen Familien zu Weihnachten gegessen. Dieser alte Brauch geht auf die Zeit vor der Reformation zurück, als im Advent üblicherweise noch gefastet wurde.

1 kg Lutfisk, 1 Stengel Thymian, 2 Lorbeerblätter, 8 Kartoffeln, 3 Zwiebeln, 40 g Butter, einige Stengel Dill, 1/2 Liter süße Sahne, weißer Pfeffer

Den Fisch mindestens 5–6 Stunden wässern, dabei das Wasser mehrmals wechseln. Fisch in frischem kaltem Wasser aufsetzen, Thymian und Lorbeerblätter zufügen, langsam zum Kochen bringen und etwa 12–15 Minuten köcheln lassen. Haut und Gräten entfernen und den Fisch in 5–6 cm große Stücke zerteilen. Kartoffeln in der Schale kochen, pellen und in Scheiben schneiden. Gehackte Zwiebeln in drei Viertel der Butter andünsten. Mit der restlichen Butter eine feuerfeste Form einfetten, lagenweise Kartoffelscheiben, Fischstücke und Zwiebeln sowie den gehackten Dill einfüllen, Sahne mit etwas Pfeffer würzen und darübergießen. Bei 160–170 °C etwa 45 Minuten backen. Dazu reicht man Senf und grüne Erbsen.

Fischpastete

Kalakukko
Finnland

Kalakukko kommt ursprünglich aus Mittelfinnland. Es wird behauptet, daß man die beste Fischpastete des Landes auf dem Marktplatz von Kuopio kaufen kann. Bereiten Sie Kalakukko ruhig in reichlicher Menge zu. Die Ummantelung mit Roggenbrotteig ermöglicht eine lange Konservierung.

Für den Teig: *300 g Weizenmehl, 450 g Roggenmehl, 150 g Butter, Salz, etwa 3/8 Liter Wasser.*
Für die Füllung: *750–1000 g Dorsch, Saft von 1/2 Zitrone, Salz, 250 g Schweinefleisch, 150 g Speck, 1/2 Bund Dill, 1/2 Bund Petersilie, Pfeffer.*
150 g Butter

Für den Teig: Mehl sieben und mit Butter, Salz und Wasser zu einem gut knetbaren Teig verarbeiten. Eine Stunde ruhen lassen.
Für die Füllung: Inzwischen den Dorsch ausnehmen, säubern und entgräten. In 5 cm große Stücke schneiden, mit Zitronensaft beträufeln und salzen. Das Schweinefleisch würfeln und ebenfalls salzen. Den Teig auf einem bemehlten Brett zu einer Platte ausrollen. Mit zerlassener Butter bepinseln. Fisch und Fleisch in der Mitte des Teiges verteilen. Den gewürfelten Speck und die gehackten Kräuter darübergeben, salzen und pfeffern. Die Ränder der Teigplatte mit Wasser bestreichen, über die Füllung schlagen, gut andrücken und die Pastete mit einer Stricknadel anstechen. Mit Butter bepinseln und im vorgeheizten Backofen etwa 4 Stunden bei 200 °C backen. Die Pastete sollte während des Backens öfters mit Butter bestrichen werden. Nach 2 Stunden Backzeit die Pastete mit Alufolie umhüllen und die Temperatur auf 170 °C reduzieren.

Fischpudding

Fiskepudding
Norwegen

Ob gesalzener oder geräucherter Fisch, ob Fischsalat oder Fischaufläufe, die norwegische Küche hat an Fischrezepten viel zu bieten. Auch die Erfindung des Fischpuddings beweist einmal mehr den Einfallsreichtum der Norweger, die aus dem, was das Meer liefert, eine Vielzahl an abwechslungsreichen Gerichten hervorzaubern.

1 kg Fisch (Kabeljau, Hecht, Schellfisch, Dorsch), 1/8 Liter süße Sahne, 1 Ei, 50 g Butter, 3 EL Kartoffelmehl, 3 EL gehackter Dill, Salz, Pfeffer, einige Tropfen Worcestershiresauce.
1 EL Butter, 2 EL Paniermehl, einige Stengel Dill

Den küchenfertigen, filetierten Fisch mit Sahne und Ei im elektrischen Mixer zerkleinern. Flüssige Butter, Kartoffelmehl und Dill zugeben. Mit Salz, Pfeffer und Worcestershiresauce würzen.

Eine Puddingform ausbuttern, mit Paniermehl ausstreuen und die Fischmasse einfüllen. Ersatzweise kann man auch eine feuerfeste Form nehmen, die dann mit Aluminiumfolie abgedeckt werden muß. Die Form im Wasserbad im Backofen etwa 1–1 1/2 Stunden garen. Das Wasser darf nur sieden, auf keinen Fall kochen. Die Garprobe mit einem Spieß oder einer Stricknadel machen. Wenn nichts haften bleibt, ist der Pudding gar. Vor dem Stürzen einige Minuten stehen lassen. Mit Dillzweigen garnieren.

Dazu paßt eine Krabbensauce.

Bergener Fischsuppe

Bergens fiskesuppe
Norwegen

Ihren besonderen Reiz verdanken die meisten norwegischen Städte ihrer Lage an der wild zerklüfteten Küste. Täglich landen hier Fischerboote frisch gefangenen Fisch an. Oft kann die Hausfrau den noch zappelnden Fisch für das Mittagessen direkt vom Boot kaufen. Die Bergener Fischsuppe wurde vor langer Zeit in der alten Hafenstadt Bergen kreiert und durch mündliche Überlieferung von Generation zu Generation weitergegeben.

2 Zwiebeln, 200 g Karotten, 1 Kartoffel, 1 Stück Knollensellerie, 1 Stange Porree, 1 Selleriestange, 1 Liter Fischbrühe (aus Köpfen und Gräten von Steinbutt, Lachs), 600 g Fisch (Kabeljau, Schellfisch, Heilbutt, Lachs, vorzugsweise mindestens 2 Sorten), Saft von 1/2 Zitrone, Salz, 3 Eigelb, 1/8 Liter süße Sahne, 1/8 Liter saure Sahne, weißer Pfeffer, Petersilie

Die Zwiebeln hacken. Karotten, Kartoffel und Sellerieknolle in kleine Würfel, Porree und Selleriestange in dünne Scheiben schneiden und in der Fischbrühe etwa 12 Minuten kochen lassen. Den vorbereiteten, gewaschenen und entgräteten Fisch mit Zitronensaft beträufeln, salzen, in Stücke schneiden und zu dem Gemüse in die Fischbrühe geben. Etwa 12 Minuten bei geringer Temperatur garziehen lassen. Eigelb mit süßer und saurer Sahne und einer halben Tasse Fischbrühe verquirlen und in die Suppe geben, aber nicht mehr kochen lassen. Mit Pfeffer und Salz abschmecken und mit gehackter Petersilie bestreut servieren.

IMPORTED
AASS BOCK
BOCK
BEER

Fischtopf

Kalapata
Finnland

Der kurze, aber intensive finnische Sommer hält einen reichgedeckten Tisch für seine Bewohner und auch für den fremden Reisenden bereit. Es sind nicht wenige, die sich in dieser Zeit von dem ernähren, was die Natur freigiebig hervorbringt. Dazu gehören im Land der tausend Seen natürlich Fisch, aber auch Getreide wie Roggen.
Selbstgefangener Fisch und selbstgebackenes Roggenbrot, in Finnland heute noch Tradition, verleihen diesem einfachen, nahrhaften Fischtopf eine besondere Note.

1,25 kg Fische (Maränen oder Strömlinge), Saft von 1/2 Zitrone, Salz, 1 Zwiebel, 1 Stange Porree, 1 Karotte, 1 kleines Stück Sellerieknolle, einige Stengel Petersilie, Dill und Schnittlauch, 6 Pimentkörner, 1 Lorbeerblatt, 50 g Butter, 1/2 Liter Wasser

Die Fische ausnehmen und waschen. Strömlinge ganz lassen, Maränen in Stücke teilen. Die Fische mit Zitronensaft beträufeln und salzen. Die Gemüse und Kräuter kleinschneiden und mit den Fischen, Gewürzen und der Butter in das kochende Wasser geben. Den Fischtopf im Ofen bei 150–160 °C etwa 1 Stunde garen lassen.
Dazu reicht man selbstgebackenes Roggenbrot, das in die Fischbrühe getunkt wird. Als Variante ersetzt man das Wasser zur Hälfte durch süße Sahne.

Kleine Fleischklöße

Små köttbullar
Schweden

Obwohl auf skandinavischen Speisezetteln der Fisch eine dominierende Rolle spielt, verdienen Fleischspezialitäten immer wieder eine besondere Aufmerksamkeit. Auf einem schwedischen *smörgåsbord* sind diese kleinen, pikanten Fleischklößchen kaum zu entbehren. Warm mit Gemüsebeilagen gereicht, bilden sie eine vollständige Mahlzeit. Ist erst einmal eine Fleischfarce vorhanden, kann die Hausfrau ein schnelles und immer willkommenes Essen zubereiten.

---

1 Zwiebel, 20 g Butter, 5 EL Paniermehl, 4–5 EL süße Sahne, 3 EL Wasser, 1 Ei, 450 g Hackfleisch (je zur Hälfte vom Rind und Schwein), 1 EL gehackte Schnittlauchröllchen, Salz, gemahlener Nelkenpfeffer, weißer Pfeffer, Butter zum Braten.
Für die Sauce: *30 g Mehl, 1/4 Liter Fleischbrühe, 1/4 Liter süße Sahne*

Die kleingehackte Zwiebel in der Butter glasig dünsten. Das Paniermehl in Sahne und Wasser einweichen. Zwiebel, eingeweichtes Paniermehl und das Ei zu dem Hackfleisch geben, gut vermengen und würzen. Mit nassen Händen Bällchen formen und in einer Pfanne in Butter gut von allen Seiten braten. Herausnehmen und warm stellen.

Für die Sauce: Das Mehl in das Bratfett geben und etwas bräunen lassen. Mit Fleischbrühe ablöschen. Die Sahne zufügen und die Sauce zugedeckt etwa 10 Minuten köcheln lassen.

Die Klößchen können heiß mit der Sahnesauce oder kalt als Vorspeise oder Cocktailbällchen serviert werden. Formt man sie walnußgroß, werden sie mit Gewürzgurken und Tomaten zum schwedischen Smörgåsbord gegessen.

Karelischer Fleischtopf

Karjalan paisti
Finnland

Der karelische Sommer dauert nur etwa 50 Tage. Trotzdem wird es in dem Gebiet um den nördlichen Polarkreis sehr warm, da die Sonne von Anfang Juni bis Anfang Juli nicht untergeht. In dieser knappen Zeitspanne entfaltet die Natur ihre ganze Pracht. Die Moosblumen blühen, und die Wildbeeren und Früchte reifen.

Von November bis Januar dagegen herrscht die Polarnacht, die nur gelegentlich durch ein Naturwunder, das „Nordlicht“, gespenstisch erhellt wird.

200 g Hammelfleisch, 200 g Kalbfleisch, 200 g Rindfleisch, 200 g Schweinefleisch, 2 Zwiebeln, 1 Stück Sellerie, 500 g Karotten, 600 g Kartoffeln, 500 g gemischte Waldpilze (ersatzweise Champignons), 6 EL Öl, 1 Lorbeerblatt, 4 Pimentkörner, etwa 1 1/2 Liter Brühe, Salz

Das Fleisch in größere Würfel, die Zwiebeln in Ringe, Sellerie in kleine Würfel, Karotten, Kartoffeln und Pilze in Scheiben schneiden. Das Fleisch im heißen Öl kurz anbraten. Zwiebeln, Sellerie, Lorbeerblatt und Pimentkörner zugeben. Mit der Hälfte der Brühe ablöschen, salzen und im vorgeheizten Ofen bei 160–170 °C 1 1/2 Stunden schmoren. Danach Karotten, Kartoffeln, Pilze und den Rest der Brühe zugeben und noch weitere 40 Minuten im Ofen lassen.

In Karelien wird das Fleisch in einem gußeisernen Topf geschmort. Es eignet sich aber auch jeder andere Bratentopf.

Forelle in Folie

Forell i folie
Schweden

Haben Sie schon einmal erlebt, wie ein schwedischer Angler eine gefangene Forelle gleich an Ort und Stelle zubereitet?
Er entfacht ein Holzfeuer, und wenn keine Flamme mehr aufzüngelt, legt er die in nasses Zeitungspapier gewickelte und mit Kräutern belegte Forelle in die Glut. Den anschließenden Genuß – sofern Sie zum Mitessen eingeladen wurden – werden Sie so schnell nicht vergessen.

4 Forellen, 1 Zitrone, Salz, 4 EL Butter, 2 Bund Dill, Pfeffer

Die Fische ausnehmen und waschen, mit Zitronensaft beträufeln und salzen. 4 Stücke Aluminiumfolie mit etwas Butter bestreichen. Die restliche Butter und den gehackten Dill verkneten, salzen und pfeffern. Jede Forelle auf eine vorbereitete Folie geben und die Dillbutter daraufsetzen. Folie gut verschließen und bei mittlerer Hitze etwa 20–25 Minuten im Backofen oder im Holzfeuer garen. In der geöffneten Folie servieren.

SISTA VECKAN
inlämning till
Specialauktion
SOTHEBY

Frikadellen

Frikadeller
Dänemark

Frikadellen bilden in Dänemark einen nicht unbedeutenden Bestandteil des wöchentlichen Speisezettels, wobei jede Hausfrau ein umfangreiches Repertoire an Geheimrezepten besitzt. Da die Dänen ein sehr praktisches und ökonomisch denkendes Volk sind, werden übriggeliebene Frikadellen am nächsten Tag als Belag für das *smørrebrød* verwandt.

1 Zwiebel, 250 g Hackfleisch vom Schwein, 250 g Hackfleisch vom Rind, 50 g Paniermehl, 20 g Weizenmehl, 1 Ei, 1/16 Liter süße Sahne, 1/16 Liter Sodawasser, 3 EL gehackte Petersilie, Salz, frisch gemahlener weißer Pfeffer, etwas Muskat (nach Belieben), 3 EL Öl, 2 EL Butter

Die Zwiebel würfeln und mit Fleisch, Paniermehl, Mehl, Ei, Sahne, Sodawasser und Petersilie vermengen. Mit Salz, Pfeffer und Muskat abschmecken und zugedeckt eine halbe Stunde stehenlassen. Das Öl erhitzen, die Butter zugeben und die geformten Frikadellen auf jeder Seite etwa 7–8 Minuten braten. Dazu ißt man in Dänemark Kartoffelsalat oder Salzkartoffeln mit eingelegten roten Beten.

Für das Smørrebrød: Dazu belegt man ein Roggenvollkornbrot mit Frikadellen, Rotkohl und eingelegten Gurken.

Gebratene Gans

Stekt gås
Schweden

Am Vorabend zum Sankt-Martins-Fest strömt aus den meisten Häusern ein verführerischer Duft. Es ist ein sehr alter Brauch, am zehnten November, dem Abend vor Beginn der Adventsfastenzeit, eine mit Äpfeln und Pflaumen gefüllte Gans zu braten.

Für 6–7 Personen:
1 Gans (etwa 5 kg), Salz, frisch gemahlener schwarzer Pfeffer, 700 g Äpfel, 200 g eingeweichte entsteinte Backpflaumen, 50 g Rosinen, 4 EL Paniermehl, Beifuß, 1/4 Liter Wasser, 1/4 Liter Brühe, 1 Glas Rotwein, 1/8 Liter süße Sahne, 2 TL Stärkemehl (nach Belieben), Majoran

Die ausgenommene und gerupfte Gans waschen und trockentupfen. Innen und außen mit Salz und Pfeffer einreiben. Herz, Leber und Magen der Gans in kleine Stücke, Äpfel und Backpflaumen in Scheiben schneiden und mit den Rosinen und dem Paniermehl vermischen. Mit etwas Beifuß abschmecken. Diese Mischung in die Gans füllen und die Öffnung zustecken oder zunähen. Auf den Rost der Fettpfanne in den vorgeheizten Backofen geben und bei 170 °C knapp 3 Stunden garen. Das Wasser in die Fettpfanne gießen, hin und wieder nachsehen, daß es nicht verdampft ist. In den letzten 20 Minuten die Gans mit kaltem Wasser besprengen und die Temperatur auf 220 °C stellen. Sie wird dann besonders knusprig. Bratensaft entfetten, mit Brühe, Rotwein und Sahne einkochen. Eventuell mit Stärkemehl binden. Mit Salz, Pfeffer und etwas Majoran abschmecken.

Als Füllung eignen sich auch Maronen oder eine Mischung aus Äpfeln und Maronen.

Professors Glögg

Professorns glögg
Schweden

Unbestreitbar gehört dieses wärmende Getränk in die winterliche Jahreszeit, wenn sich das Leben hauptsächlich hinter den mit Eisblumen geschmückten Fensterscheiben abspielt und draußen der Schneesturm tobt. Der *glögg* wird nach uraltem Rezept bereitet und trägt zu jener gemütlichen Atmosphäre bei, wie man sie besonders um die Weihnachtszeit gerne erlebt.

Für 10 Personen:
3/4 Liter Rotwein, 3/4 Liter Muskateller, 1/4 Liter weißer Wermut, 1/2 EL Angostura Bitter, 80 g Rosinen, abgeriebene Schale und Saft von 1 unbehandelten Apfelsine, 1/2 TL Kardamom, 4 Nelken, 1 Zimtstange, 1 Stück Ingwerwurzel, 60 g blanchierte abgezogene Mandeln, 120 g Zucker, 1 Glas Aquavit

Alle Zutaten bis auf den Zucker und den Aquavit verrühren und dann 10–12 Stunden durchziehen lassen. Die restlichen Zutaten hinzufügen, den Glögg erhitzen und in Bechern heiß servieren.

Rote Grütze mit Sahne

Rødgrød med fløde
Dänemark

Die beliebteste süße Nachspeise Skandinaviens wird auch in Norddeutschland geschätzt. Allerdings verstehen es die Dänen besonders gut, die schmackhafte Fruchtgrütze in vielen Variationen herzustellen.

400 g rote Johannisbeeren, 500 g Himbeeren, knapp 3/4 Liter schwarzer Johannisbeersaft, 100 g Zucker (nach Geschmack und Süße der Früchte), 70–80 g Speisestärke.
1/4 Liter süße Sahne,
Vanillezucker

Johannisbeeren und Himbeeren mit dem schwarzen Johannisbeersaft, von dem man etwas zum Anrühren der Speisestärke zurückbehält, und dem Zucker zum Kochen bringen. Nach 3 Minuten Kochzeit alles durch ein Sieb streichen. Mit kalt angerührter Speisestärke binden und nochmals aufkochen lassen.
Mit leicht geschlagener Sahne, die mit Vanillezucker abgeschmeckt wird, servieren. Bevorzugt man ganze Beerenfrüchte, so kann man zusätzlich noch einige unzerkleinerte, frische Früchte unterheben.

Gurkensalat

Agurksalat
Norwegen

Durch ihren harten Kampf um Nahrungsmittel haben die Norweger von alters her eine besondere Beziehung zu den Gaben der Natur. Sie achten sie und gehen sorgfältig mit ihnen um.

Da der Sommer in Norwegen sehr kurz ist, läßt die Sonne dem Obst und Gemüse nicht viel Zeit für Wachstum und Reife. Ein beliebtes Gemüse der norwegischen Küche wurden daher Gurken.

Gurkensalat sollte immer frisch zubereitet werden und nie zu lange stehen. Die Gurken verlieren vor allem durch die Zugabe von Salz zu viel Flüssigkeit.

1 Salatgurke.
Für die Sauce: *2 EL Essig, Salz, Pfeffer,*
1 Prise Zucker, 5 EL Öl.
2 EL frischer Dill, 1 EL Borretsch

Die Gurke vom dicken zum dünnen Ende schälen. Die bitteren Teile, die bei Freilandgurken am dünnen Ende sein können, abschneiden. Sind die Gurken zart und ungespritzt, kann man die Schale mitessen.

Die Gurke fein schneiden oder hobeln.

Für die Sauce: Aus Essig, Salz, Pfeffer, Zukker und Öl eine Salatsauce herstellen und über die Gurke gießen.

Mit gehacktem Dill und Borretsch (Gurkenkraut) bestreuen.

Hafergrütze

Rømmegrøt
Norwegen

Viele Gerichte der norwegischen Küche entstanden vor langer Zeit und wurden – wie auch die Grützen – von Generation zu Generation überliefert.
Die Grütze gilt als Vorläuferin des Brotes. So ist es nicht verwunderlich, daß ihr eine besondere Achtung zukommt. Die Hafergrütze wurde zu vielen festlichen Anlässen gereicht. Auch heute ist es noch üblich, auf Bauernhochzeiten das Festmahl mit der traditionell mit Zucker und Zimt bestreuten *rømmegrøt* zu beginnen.

150 g Haferschrot, 1 Liter Wasser, 1/2 TL Salz

Haferschrot mit Wasser und Salz 5 Minuten kochen und ausquellen lassen. Dazu reicht man gerne Kompott, saure Milch oder süße Sahne. Man kann auch Rosinen mitkochen oder 2–3 Eßlöffel gehackte Nüsse unterziehen und erhält so ein herzhaftes und ballaststoffreiches Essen.

Hagebuttensuppe

Nyponsoppa
Schweden

In den Wäldern und auf den Moorflächen Skandinaviens reifen in den Sommermonaten große Mengen der verschiedensten Wildbeeren. Vor allem die Schweden sind leidenschaftliche Beerensammler. Aus den leckeren, süßen bis sauren Früchten bereiten sie gerne schmackhafte Suppen oder Kompott, das als Beilage zu Fleischgerichten gereicht wird. Auch als Dessert, für Kuchen, zur Saft- und Likörherstellung sind die kleinen Beeren sehr beliebt.

Hagebutten weisen wie alle anderen Beeren einen hohen Vitaminanteil auf. Die süße Hagebuttensuppe wird oft vor einem Hauptgericht gereicht.

600 g Hagebutten, 1 1/2 Liter Wasser, Saft von 1 Zitrone, abgeriebene Schale von 1/2 unbehandelten Zitrone, 80–100 g Zucker (nach Geschmack und Süße der Früchte), 1 Messerspitze Zimtpulver oder 1/2 Zimtstange, 1 Prise Salz, 2 1/2 EL Stärkemehl, knapp 1/8 Liter Weißwein, 50 g gemahlene Mandeln, 1 Eigelb (nach Belieben), 1 EL Butter oder 1/8 Liter süße Sahne

Die Hagebutten einige Stunden im warmen Wasser einweichen. Saft und Schale der Zitrone sowie Zucker, Zimt und Salz zufügen und kochen, bis die Beeren weich sind. Dann alles passieren. Mit Stärkemehl binden und mit Weißwein verfeinern. Die gemahlenen Mandeln unterziehen und nochmals abschmecken. Je nach Belieben mit dem Eigelb legieren. Zum Schluß mit der Butter verfeinern oder mit Schlagsahnetupfen garnieren. Die Hagebuttensuppe ißt man heiß oder kalt. Gerne serviert man Makronen oder anderes Gebäck dazu.

Hahnenkämme

Hanekamme
Dänemark

Hahnenkämme werden aus *wienerbrødsdej*, dem dänischen Blätterteig gebacken. Sie stellen eine weitere Versuchung des beliebten Kopenhagener Gebäcks dar.
Eine dänische Hausfrau setzt ihrer Familie oder geladenen Gästen zum Nachmittagskaffee mindestens vier verschiedene, meistens selbstgebackene Kuchen vor. Darunter ist immer ein Kopenhagener Gebäck.

120 g Marzipanrohmasse, 80 g Apfelmus, abgeriebene Schale von 1/2 unbehandelten Zitrone, 1/3 Portion wienerbrødsdej (siehe S. 19), 1 EL Mehl, 1 Eigelb zum Bestreichen, Hagelzucker, 1 EL Butter für das Backblech

Die Marzipanrohmasse mit dem Apfelmus und der Zitronenschale verrühren. Den Blätterteig auf einer mit Mehl bestreuten Platte zu einem Rechteck ausrollen. Die Längsseite des Rechtecks zur Hälfte mit der Marzipan-Apfelmus-Füllung bestreichen. Die andere Seite darüberklappen und festdrücken. Den gefüllten Teig in 5–6 cm große Stücke schneiden und in jedes Teil 4–5 Einschnitte machen. Mit Eigelb bestreichen und Hagelzucker bestreuen. 15–20 Minuten ruhen lassen und auf einem eingefetteten Backblech im vorgeheizten Backofen bei 180 °C etwa 20 Minuten backen.
Anstelle des Hagelzuckers kann man die Hahnenkämme nach dem Abkühlen auch mit Zuckerglasur bestreichen.

Hammelfleisch mit Kohl

Får i kål
Norwegen

Neben Fisch gehört Hammelfleisch zu den Hauptbestandteilen der norwegischen Küche. Das wird verständlich, wenn man sich die extremen Landschaftsformen dieses Landes betrachtet. Die Bodenverhältnisse lassen keine großzügige Landwirtschaft zu. Seit Jahrhunderten werden daher bevorzugt Schafe und Ziegen gehalten. Sie geben den Menschen Fleisch und Milch. Trotz der Einfachheit dieser Produkte ist man von der Vielfalt an schmackhaften Gerichten überrascht.
Får i kål ist eine kräftige Mahlzeit, die besonders an kalten Tagen geschätzt wird.

1 kg Hammel- oder Lammfleisch (Schulter, Hals oder Keule), 1 Weiß- oder Wirsingkohl (etwa 800–1000 g), 1 Zwiebel, Salz, 10 schwarze Pfefferkörner im Mullsäckchen, 1 Zweig Thymian, 1 Liter Brühe, 6 Kartoffeln, 1/2 Bund gehackte Petersilie

Das Fleisch in große Würfel schneiden. Den Kohl vierteln, die Strünke entfernen, waschen, blanchieren und klein schneiden. Die Zwiebel hacken.
Schichtweise Kohl und Fleisch mit den Gewürzen in einen Topf geben. Die Brühe zugießen und zugedeckt etwa 1 Stunde kochen lassen. Inzwischen die Kartoffeln schälen, in Würfel schneiden und in den Topf geben. Weitere 30 Minuten garen. Pfefferkörner und Thymianzweig entfernen. Mit Petersilie bestreut servieren.
Kenner behaupten, daß dieses Gericht am besten nach dem dritten Aufwärmen schmeckt.

HANSA
Bokkøl
HANSA

Schwedisches Haschee

Pytt i panna
Schweden

Kartoffelgerichte erfreuen sich in Schweden großer Beliebtheit. Dem Erfindergeist schwedischer Hausfrauen verdanken wir das nahrhafte *pytt i panna*, das übersetzt soviel wie „Häppchen in der Pfanne“ bedeutet. Es ist ein typisches Pfannengericht, das einfach und schnell zubereitet werden kann. Das Fleisch und die Kartoffeln können aber auch in getrennten Pfannen vorgebraten werden, um beides dann zusammen zu servieren. Vorteilhaft lassen sich so die Fleischreste vom Vortag weiterverwenden.

6 Kartoffeln, 3 EL Öl, 30 g Butter, 3 Zwiebeln, 400 g gebratene oder gekochte Fleischreste oder 200 g roher oder gekochter Schinken, Salz, Pfeffer, einige Zweige Petersilie, 4 Eier

Die Kartoffeln waschen und in gleichmäßige kleine Würfel schneiden. Trockentupfen und in dem Öl-Butter-Gemisch unter häufigem Wenden 16–18 Minuten goldbraun braten, dann herausnehmen.

Die gehackten Zwiebeln in dem gleichen Fett glasig dünsten und die Fleisch- oder Schinkenwürfel, die die gleiche Größe wie die Kartoffeln haben sollten, zugeben. Kartoffeln noch einmal kurz in die Pfanne geben, salzen und pfeffern.

Auf 4 Tellern anrichten und mit gehackter Petersilie bestreuen. Je ein Spiegelei in die Mitte setzen. Bei der traditionellen Art das Gericht zu servieren, gibt man auf jede Hascheeportion ein rohes Eigelb, das dann am Tisch untergemischt wird. Gern ißt man dazu rote Bete oder auch Salzgurken.

Gefüllter Hecht

Täytetty hauki
Finnland

Die Gastfreundschaft kannte keine Grenzen. So durfte ich vor der Mahlzeit meinen Fisch selbst angeln. Ich solle nur die Angel mit dem Blinker nehmen, bedeutete mir der Gastgeber, als wir an dem kleinen See ankamen. Die Luft atmete schon den Hauch des Frühherbstes, und die Wälder leuchteten in bunten Farben. Zum ersten Mal in meinem Leben hielt ich eine Angel. Wie gebannt starrte ich Sekunde um Sekunde auf den See. Da, eine Bewegung im Wasser, ein Ruck – es war ein Hecht, der angebissen hatte.

1 Hecht (etwa 1,5 kg), 1 Zitrone, Salz, 2 hartgekochte Eier, 1 Bund Petersilie, 50 g gekochter Naturreis, frisch gemahlener weißer Pfeffer, 25 g Butter, 1 EL Paniermehl, 8 entsteinte eingeweichte Backpflaumen, 30 g Butter in Flöckchen, Fischfond (nach Belieben), Zitronenscheiben

Den Hecht säubern und ausnehmen, den Kopf nicht entfernen. Außen und innen mit Zitronensaft beträufeln und salzen. Eier und Petersilie hacken. Einige Zweige der Petersilie für die Garnitur zurückbehalten. Alles zum Reis geben, salzen, pfeffern und die weiche Butter sowie das Paniermehl untermischen. Das Ganze in den Fisch füllen. Die Backpflaumen halbieren und auf die Füllung legen. Den Fisch zunähen. Eine feuerfeste Form gut einfetten und den Hecht hineingeben. Mit Butterflöckchen belegen und für etwa 1 Stunde in den auf 180 °C vorgeheizten Backofen schieben. Eventuell mit Fischfond begießen. Mit Petersilie und Zitronenscheiben garniert servieren.

18,5 % vol
AKKA
Rubus chamaemorus
UDBERRY APERITIF

Heidelbeer-Pie

Mustikkapiirakka
Finnland

Der August gilt als der schönste Sommermonat in Finnland. Die Natur hat ihren Tisch reichhaltig gedeckt, und es ist die große Zeit der Krebsfeste. Das Leben, so scheint es, findet draußen im Wald, an den Seen und Flüssen statt.

Im August reifen auch die Blau- oder Heidelbeeren heran. Sie werden eifrig für die Herstellung von Saft, Konfitüren oder Trockenbeeren oder für die Zubereitung dieses Heidelbeer-Pies gesammelt.

Für den Teig: *150 g Butter, 150 g brauner Zucker, 2 Eier, 2 TL Backpulver, 100 g Vollkornmehl, 100 g gemahlene Haselnüsse.*
Für den Belag: *400 g saure Sahne, 2 Eier, 80 g Zucker, 1 Päckchen Vanillezucker, Schale von 1/2 unbehandelten Zitrone, 1/2 TL Anis, 350 g Heidelbeeren*

Für den Teig: Butter und Zucker schaumig rühren. Die Eier zufügen und alles zusammen weiterschlagen. Das mit Backpulver gut vermischte und gesiebte Mehl sowie die Haselnüsse zugeben und den Teig in eine gefettete runde Form (∅ 23 cm) füllen.

Für den Belag: Alle Zutaten verrühren, Heidelbeeren unterziehen und auf den Teig geben. Bei 180–200 °C etwa 35 Minuten backen.

Hering in Sherry

Sild i sherry
Dänemark

Junge, noch nicht laichreife Heringe werden als Matjes bezeichnet. Sie sind nicht sehr groß, aber zart und fett. Etwa ab Juni werden sie gefangen und gleich an Bord gesäubert, „gekehlt" (ausgenommen) und in Fässern leicht eingesalzen. Als besondere Delikatesse eignen sich Matjes für *smørrebrød*. Dieser erste appetitanregende Happen wird meistens mit einem eisgekühlten Aquavit begossen. Zusammen mit Pellkartoffeln und Butter gereicht, stellt Matjes ein kleines, schmackhaftes Gericht ohne großen Aufwand dar.

4 Matjesheringe, 2 Zwiebeln.
***Für die Marinade:** 5 EL Essig, 6 EL Wasser, 2 TL Zucker, 3 EL Öl, 8 EL Sherry dry, 4 Pimentkörner, 1 Lorbeerblatt.*
Einige Stengel Dill

Die Matjesheringe falls nötig wässern und filetieren. Die Zwiebeln in Ringe schneiden und auf die Filets legen.
Für die Marinade: Essig, Wasser, Zucker, Öl, Sherry und Gewürze gut verrühren und über die Matjesfilets gießen. Mindestens eine Nacht im Kühlschrank ziehen lassen. Mit Dillzweigen anrichten.
Ein kräftiges Brot mit Butter und ein Glas Bier vervollständigen diesen Genuß.

LUXUS
1895

Heringsauflauf

Silakkalaatikko
Finnland

Die Finnen lieben kräftige Gerichte. Der Heringsauflauf nimmt daher einen festen Platz in ihrer Küche ein. Genießen Sie ihn, wenn Sie einen anständigen Hunger verspüren. Zu dem salzigen Geschmack paßt ganz ausgezeichnet ein Glas Bier.

4 gewässerte Salzheringe, 800 g Kartoffeln, 2 Gewürzgurken, 200 g Schweinefleisch, 150 g Hammelfleisch, 1 große Zwiebel, 3 EL Öl, Butter für die Form, knapp 1/2 Liter süße Sahne, 2–3 Eier, 2 zerstoßene Pimentkörner

Die Heringe entgräten und in Würfel schneiden. Die Kartoffeln schälen und in dünne Scheiben schneiden, ebenso die Gewürzgurken. Schweine- und Hammelfleisch würfeln und zusammen mit der kleingeschnittenen Zwiebel in dem Öl anbraten. Eine feuerfeste, ausgebutterte Form mit Kartoffelscheiben, Hering, Fleisch und Gurken schichtweise auslegen. Sahne und Eier verquirlen, würzen und über den Auflauf gießen. Im Backofen bei 160 °C etwa 1 1/2 Stunden garen.

PERUST.
1819

Heringsgratin „Uli“

Sillgratin „Uli“
Schweden

Was für die Norweger der Kabeljau, ist für die Schweden *sill*, der Hering. Daß er mehr als nur ein Nahrungsmittel ist, kommt allein dadurch zum Ausdruck, daß in Schweden zwischen Hering und Fisch unterschieden wird. Es erstaunt immer wieder, welche Leckerbissen schwedische Hausfrauen und Köche aus Hering hervorzaubern. Das Heringsgratin „Uli“ reicht man zu jeder Gelegenheit und Tageszeit. Meist wird dazu Milch getrunken. Ein zünftiges Bier ist aber auch nicht zu verachten.

300 g mehlig kochende Kartoffeln, 300 g Äpfel (vorzugsweise Boskop oder Cox Orange), Saft von 1/2 Zitrone, 2 Zwiebeln, 1 EL Butter, 8 halbe Heringsfilets, gut 1/4 Liter süße Sahne, 1/4 Liter Crème fraîche, etwas Pfeffer

Kartoffeln und Äpfel schälen. Die vom Kerngehäuse befreiten Äpfel in Scheiben schneiden und sofort mit Zitronensaft beträufeln, um ein Verfärben zu verhindern. Kartoffeln und Zwiebeln in so hauchdünne Scheiben schneiden, daß man durchschauen kann. Eine gebutterte, feuerfeste Auflaufform reihenweise mit Kartoffeln, Äpfeln, gut gewässerten Heringsfilets und Zwiebeln sorgfältig auslegen. Sahne, Crème fraîche und Pfeffer verrühren und darübergießen. Bei 180 °C etwa 35 Minuten in den vorgeheizten Backofen stellen. Sehr zu empfehlen sind Portions-Gratin-Formen.

Heringssalat und Glasbläserhering

Sillsallad och Glasmästarsill
Schweden

Diese beiden Heringsgerichte dürfen auf keinem *smörgåsbord* fehlen.

Heringssalat für 4–6 Personen: *3 Matjes- oder Salzheringe, 200 g gepökelte Zunge, 4 in der Schale gekochte Kartoffeln, 3 gekochte marinierte rote Bete, 2 Äpfel, 2 Gewürzgurken, 1–2 Zwiebeln, 1 Bund Dill, Eigelb von 4 hartgekochten Eiern, 1 TL Senf, 2 EL Weißweinessig, 2 EL Öl, 1/8 Liter saure Sahne, 1/8 Liter süße Sahne, 3 EL Rote-Bete-Saft, Salz, Pfeffer*

Die gewässerten Heringe filetieren, mit den anderen Zutaten in Würfel schneiden. Zwiebeln und Dill fein hacken. Eigelb durch ein Sieb streichen und mit Senf verrühren. Nach und nach restliche Zutaten zugeben, über den Salat gießen und vorsichtig unterrühren. Gut gekühlt etwa zwei Stunden ziehen lassen.

Glasbläserhering: *4 Salzheringe, 1 Tasse Weinessig, 1 Tasse Wasser, 1/2 Tasse Zucker, 4 rote Zwiebeln, 1 Karotte, 2 Lorbeerblätter, 1 Stück frische Ingwerwurzel, 1 Stück frischer Meerrettich, 2 TL Senfkörner, 6 ganze Pimentkörner, etwas Koriander*

Salzheringe filetieren, über Nacht wässern. Essig, Wasser und Zucker etwa 20 Minuten kochen, dann abkühlen lassen, Zwiebeln und Karotte in dünne Scheiben schneiden. Die in 2–3 cm dicke Streifen geschnittenen Heringe, Gemüse und Gewürze schichtweise in ein Gefäß füllen, mit Marinade begießen, bis die Heringe gerade bedeckt sind. Gut verschlossen 2–3 Tage im Kühlschrank marinieren.

Hummerragout

Hummerstuvning
Schweden

Der Hummer zählt zur Familie der Krebse und kann in der Nordsee und im Atlantik bis zu einem dreiviertel Kilo schwer werden. Vorwiegend bevölkert er die Küstengewässer in der Nähe von Muschelbänken. Hier findet er einen reich gedeckten Tisch. Sein überaus zartes und schmackhaftes Fleisch ist seit alters her beliebt. Unser Hummerragout gilt als besonders feine Vorspeise.

1 Hummer, Salz, 1 Prise Zucker, 2 EL Essig, 1 Zwiebel, 1 Karotte, 5 Pfefferkörner, 50 g Butter, 1 Frühlingszwiebel, 30 g Mehl, 1/8 Liter Fischsud, 1/8 Liter süße Sahne, frisch gemahlener weißer Pfeffer, einige Tropfen Worcestershiresauce, 1 Eigelb, 1 Bund Dill, 40 g geriebener Käse

Den Hummer bürsten und waschen. Wasser mit Salz, Zucker, Essig, kleingeschnittener Zwiebel, Karotte und Pfefferkörnern zum Kochen bringen. Den Hummer kopfüber ins Wasser geben. Etwa 20–25 Minuten darin ziehen lassen. Nach dem Auskühlen aus dem Sud nehmen und in Längsrichtung spalten. Das Fleisch herauslösen und in Streifen schneiden. Die Butter erhitzen und die feingeschnittene Frühlingszwiebel darin andünsten. Das Mehl zufügen und durchschwitzen lassen. Mit Fischsud und Sahne ablöschen. Würzen und einige Minuten köcheln lassen. Das Hummerfleisch zufügen, mit Eigelb legieren, etwas gehackten Dill unterziehen und in eingefettete Förmchen, Muschelschalen oder Pasteten füllen. Mit Käse bestreuen und im auf 180 °C vorgeheizten Ofen einige Minuten überbacken. Mit Dillzweigen garnieren.

Janssons Versuchung

Janssons frestelse
Schweden

Dieser pikante Auflauf mit dem vielversprechenden Namen Janssons Versuchung ist eines der typischen Fischgerichte Schwedens. Wie es zu diesem Namen kam, kann heute niemand mehr genau sagen. Aber es wird erzählt, daß der Opernsänger Pelle Janzon vor ungefähr hundert Jahren diesen Auflauf komponierte, um seinen Freunden etwas Durstanregendes anbieten zu können. Heute ist dieses Gericht so beliebt, daß man es auf jedem *smörgåsbord* findet.

6 rohe Kartoffeln, 3 Zwiebeln, 3 EL Butter, 15 Sardellenfilets, 400 g süße Sahne, Pfeffer, 2–3 Stengel Dill, einige Zitronenecken

Die geschälten Kartoffeln streichholzdünn stifteln. Die Zwiebeln in dünne Scheiben schneiden und in zwei Drittel der Butter goldgelb braten. Eine feuerfeste Form mit der restlichen Butter ausstreichen und schichtweise Kartoffeln, Zwiebeln und Sardellenfilets einfüllen. Mit einer Lage Kartoffeln abschließen. Die Sahne mit etwas Pfeffer würzen, frisch gehackten Dill zugeben und darübergießen. Die Kartoffeln sollten von der Sahne bedeckt sein. Im vorgeheizten Backofen bei 180 °C etwa 50 Minuten backen. Mit Zitronenecken garnieren und in der Auflaufform servieren.

Gekochter Kabeljau mit Senfsauce

Kokt torsk med sennepsaus
Norwegen

Wird von Norwegens Fischerei gesprochen, denkt man unwillkürlich an die Lofoten. Von Januar bis April laufen hier Tausende von Booten zum Fang von Kabeljau aus. Der Jungfisch oder Dorsch, *torsk*, wird besonders gern gegessen, weil er kalorienarm, aber eiweißreich ist. Im Freien zum Trocknen auf Holzgestelle aufgehängt, nennt man ihn *tørrfisk* oder *stokkfisk*. Wird er dagegen ausgenommen, gespalten, gesalzen und zum Trocknen auf die Klippen gelegt, heißt er *klippfisk*.

1 kg Kabeljau, 2 EL Zitronensaft, Salz, 3/4 Liter Wasser, 1 Lorbeerblatt, 4 Pfefferkörner.
Für die Sauce: *30 g Butter, 20 g Mehl, 3 TL mittelscharfer Senf, 1/4 Liter Fischbrühe, 1/4 Liter süße Sahne, Pfeffer, 1 Prise Zucker. 1 Zitrone, einige Dillzweige*

Den gesäuberten Kabeljau mit Zitronensaft beträufeln, salzen und in 4 Scheiben schneiden. Das Wasser mit Salz, Lorbeerblatt und Pfefferkörnern zum Kochen bringen und dann den portionierten Kabeljau einlegen. Je nach Größe 10–12 Minuten ziehen, aber nicht kochen lassen. Kabeljau vorsichtig mit einer Schaumkelle herausnehmen, warm stellen.
Für die Sauce: Die Butter zerlaufen lassen, das Mehl einrühren und durchschwitzen lassen. Den Senf zugeben und mit Fischbrühe ablöschen. Die Sahne zufügen, etwas einkochen lassen und würzen.
Den Fisch auf einer Platte mit Zitronenecken und Dillzweigen anrichten. Die Sauce gesondert dazu reichen. Als Beilage eignen sich Petersilienkartoffeln oder Reis und ein frischer Salat.

Überbackener Kabeljau

Torskgratin
Norwegen

Seit Jahrtausenden gehört Fisch mit zu den Hauptnahrungsmitteln der Norweger. Der Fischreichtum seines angrenzenden Meeres, so berichtet jedenfalls eine alte Überlieferung, war in Vorzeiten so groß, daß man für einen fetten Fang nur mit der Hand in das Wasser hineinzugreifen brauchte.
Aber auch heute ist Fisch noch reichlich vorhanden. Der wichtigste Fisch für Norwegen war schon immer der Kabeljau. Sein festes, weißes Fleisch wird sehr geschätzt und in vielerlei Variationen schmackhaft zubereitet.

800 g Kabeljaufilet, Saft von 1/2 Zitrone, Salz, 2 Zwiebeln, 120 g Knollensellerie, 250 g Karotten, 1 Stange Porree, 60 g Butter, 1/8 Liter Brühe, 1/8 Liter süße Sahne, Pfeffer, 1 Bund Petersilie, 2 EL Paniermehl, 2 EL geriebener Käse, 2 EL Butter für die Butterflöckchen

Kabeljaufilet unter fließendem Wasser waschen, trockentupfen, mit Zitronensaft beträufeln und salzen. Die Zwiebeln hacken. Die Gemüse zerkleinern und in der Butter andünsten. Mit Brühe und Sahne aufgießen und 10 Minuten köcheln lassen. Mit Salz und Pfeffer würzen. Das Gemüse in eine feuerfeste Form umfüllen. Den Fisch daraufgeben und mit gehackter Petersilie bestreuen. Paniermehl und geriebenen Käse darüberstreuen und mit Butterflöckchen belegen. Im vorgeheizten Backofen bei 180 °C etwa 30–35 Minuten backen.

HANSA
Bokkøl

Karamel-Kartoffeln

Sukkerbrunede kartofler
Dänemark

Die Dänen lieben karamelisierte Gemüse. Gebräunte Kartoffeln wie auch gebräunter Kohl werden zu verschiedenen Gerichten gereicht. Zu einer mit Äpfeln und Pflaumen gefüllten gebratenen Gans gibt es zum Beispiel immer zweierlei Sorten von Kartoffeln: gebräunte und Salzkartoffeln. Versuchen Sie die karamelisierte Kartoffel einmal selbst. Sie werden von dem Wohlgeschmack überrascht sein.

800 g kleine gleichmäßige Kartoffeln, 45 g Zucker, 70 g salzige Butter

Die Kartoffeln gut waschen, in der Schale kochen, abkühlen lassen und pellen. Zucker in einer Pfanne bei geringer Temperatur karamelisieren lassen. Der Zucker darf nur hellbraun werden, wird er zu dunkel, so schmeckt er bitter. Die Butter zugeben und die Kartoffeln von allen Seiten darin braten, bis sie goldbraun sind.

Kartoffel-Karotten-Auflauf

Peruna-porkkana-laatikko
Finnland

Die Finnen nennen ihre, dem schwedischen *smörgåsbord* ähnliche Tafel *voileipäpöytä*. Sie weist einige recht unterschiedliche Bestandteile auf. Neben Fleisch, Wild, Fisch, Gemüsearten und Brot findet man Kartoffeln in vielen Variationen von Aufläufen wieder.
Wie Eintöpfe können jedoch auch Aufläufe eine vorzügliche Mahlzeit für sich bilden.

750 g Kartoffeln, 250 g Karotten, 3 Eier, 30 g Butter, 1/8 Liter süße Sahne, Salz, 1 Prise Zucker, weißer Pfeffer, Muskat, 3 EL gehackte Petersilie, Fett für die Form, Paniermehl, 30 g Butterflöckchen

Die geschälten Kartoffeln und Karotten kochen und pürieren. Die Eier trennen. Butter und Eigelb schaumig rühren und mit der Sahne zu dem Püree geben. Würzen, Petersilie zufügen und den geschlagenen Eischnee unterheben. In eine gefettete, feuerfeste Form füllen. Mit Paniermehl und Butterflöckchen bestreuen. Im vorgeheizten Ofen bei 175 °C 50–60 Minuten backen.

Gefüllte Kartoffelklöße

Kroppkakor
Schweden

Die Kartoffel ist von allen Gemüsearten in Schweden die beliebteste und zugleich eines der Hauptnahrungsmittel. In vielen Haushalten kommt sie in unterschiedlicher Form sogar oft zweimal täglich auf den Tisch. Was eine schwedische Hausfrau alles aus Kartoffeln kreieren kann, zeigt diese sehr leckere Variante.

1 kg Kartoffeln, 60 g Kartoffelmehl, 20 g Mehl, 1 Ei, 1 Eigelb, Salz, Pfeffer, 1 Prise Muskat.
Für die Füllung: *120 g durchwachsener geräucherter Speck, 1 große Zwiebel, 100 g Pilze, 1 EL Öl, einige Stengel Petersilie, Salz, Pfeffer.*
Butter zum Übergießen

Die Kartoffeln möglichst schon am Vorabend waschen und in der Schale kochen. Am nächsten Tag die gepellten Kartoffeln durchpressen, mit Kartoffelmehl, Mehl, Ei und Eigelb verkneten und würzen.
Für die Füllung: Speck, Zwiebel und Pilze in kleine Würfel schneiden und in dem erhitzten Öl dünsten. Die gehackte Petersilie zugeben, mit wenig Salz und Pfeffer abschmecken.
Aus der Kartoffelmasse eine Rolle formen, in 12 gleichmäßige Teile schneiden und jeweils etwas von der Füllung in den Kartoffelteig geben und zu Klößen formen.
Salzwasser aufkochen. Die Klöße vorsichtig mit einem Schaumlöffel für etwa 10–12 Minuten in das nur siedende Wasser geben. Vorsichtig herausnehmen und mit geschmolzener Butter übergießen.
Gern reicht man dazu Preiselbeeren.

Geraspelte Kartoffelpfannkuchen und Kartoffelsalat

Rårakor med gräslök och Potatissallad
Schweden

Die Hochachtung, die die Schweden der Kartoffel entgegenbringen, zeigt sich in dem enormen Preis, der im Frühjahr für neue Kartoffeln erzielt wird und in der überschwenglichen Auffassung, die Kartoffel sei der Rahmen um jedes schwedische Essen.

***Geraspelte Kartoffelpfannkuchen:** 6 Kartoffeln, Salz, Pfeffer, 1 Bund Schnittlauch, 1 Zwiebel, 4 EL Öl, 2 EL Butter*

Die geschälten Kartoffeln raspeln, salzen und pfeffern. Schnittlauch in kleine Röllchen schneiden, Zwiebel fein hacken, beides untermischen. Öl erhitzen, Butter zugeben. Jeweils etwa 2 EL geraspelte Kartoffeln wie einen kleinen Pfannkuchen flachdrücken. Auf jeder Seite etwa 3 Minuten knusprig braun braten. Dazu reicht man frischen Salat.

***Kartoffelsalat:** 8 in der Schale gekochte Kartoffeln, 1 Zwiebel, 2 eingelegte rote Bete, 2 eingelegte Essiggurken, 4 Heringsfilets, 1 Bund Schnittlauch, 1/2 Bund Petersilie, 2 1/2 EL Essig, Salz, Pfeffer, 8 EL Öl*

Kartoffeln pellen und in Scheiben schneiden. Zwiebel hacken, rote Bete, Essiggurken und Heringsfilets würfeln. Feingehackte Kräuter zugeben. Essig mit Salz, Pfeffer und Öl gut verrühren und über den Salat gießen. Gut gekühlt 1 Stunde ziehen lassen.

Norwegische Kartoffelplinsen

Potetkaker
Norwegen

Es gibt keinen Zweifel: Fischgerichte stehen in Norwegen an erster Stelle. Doch man weiß auch die vielen Kartoffelvariationen zu schätzen. Eine der pikanten Spezialitäten sind die Kartoffelplinsen. Mit frischem Salat sind sie eine vollwertige Mahlzeit und zudem noch recht schnell auf den Tisch zu bringen. Sollten einige Plinsen übrigbleiben, so können sie am nächsten Tag kalt serviert werden. Sie schmecken auch dann noch ausgezeichnet.

400 g Kartoffeln, Salz, 120 g Paniermehl, 1/8 Liter süße Sahne, 1 Ei, 2 EL gehackte Petersilie, 2 EL geriebener Käse, 120 g Schinkenwürfel, Pfeffer, Muskat, Öl zum Ausbacken

Die Kartoffeln schälen, in Salzwasser etwa 20 Minuten kochen und anschließend passieren. Zwei Drittel des Paniermehls, Sahne, Ei, Petersilie und den Käse miteinander verrühren. Die Schinkenwürfel zufügen, würzen und alles zu der Kartoffelmasse geben. Runde Plinsen von etwa 6–8 cm Durchmesser formen, in dem restlichen Paniermehl wälzen und im heißen Öl goldgelb backen.

Käsesalat und Käse-Soufflé

Ostesalat og Ostesoufflé
Dänemark

Dänemark gilt aufgrund seiner intensiven Milchwirtschaft als das klassische Käseland Skandinaviens.

Käsesalat: *250 g Havarti, 1/2 Salatgurke, 250 g gekochter Schinken, 2 saure Äpfel, 2 EL Mayonnaise, 2 EL süße Sahne, 2 EL Joghurt oder saure Sahne, Salz, Pfeffer, etwas geriebener Meerrettich oder Curry, einige Salatblätter*

Käse, Salatgurke, Schinken und geschälte, entkernte Äpfel würfeln. Mayonnaise, Sahne und Joghurt verrühren. Mit den Gewürzen abschmecken, über die Salatzutaten geben und gut durchziehen lassen. Eine Schüssel mit Salatblättern auslegen und den Salat anrichten.

Käse-Soufflé: *40 g Butter, 35 g Mehl, 1/8 Liter Milch, 1/4 Liter süße Sahne, 160 g geriebener Käse (45 %ig), Salz, Pfeffer, Muskat, 4 Eier, 2 TL Maisstärke, Butter für die Form*

Butter schmelzen, Mehl zugeben und durchschwitzen lassen. Milch und Sahne nach und nach unter ständigem Rühren zugießen. Den geriebenen Käse einrühren. Mit Salz, Pfeffer und Muskat würzen. Vom Herd nehmen und etwas auskühlen lassen. Eier trennen. Eigelb mit Maisstärke verrühren, dazugeben und den steifgeschlagenen Eischnee von 3 Eiweiß unterziehen. In eine feuerfeste, ausgebutterte Form füllen und bei 190–200 °C etwa eine Stunde backen. In kleinen Förmchen gebakken, eignet sich das Käsesoufflé gut als Vorspeise. Allerdings verringert sich dabei die Backzeit.

Kissel und Rhabarber-Erdbeer-Grütze

Kiisseli ja Raparperi-mansikka-kiisseli
Finnland

Die Finnen sind seit jeher sehr naturverbunden und bereiten sich ihr Mahl gerne aus dem zu, was die Natur bietet. Die vitaminreichen Wildbeeren eignen sich wegen ihres starken Aromas gut für die Zubereitung der Grütze. Die Finnen nennen diese Speise liebevoll *kiisseli*. Man kann aber auch alle anderen Arten von Beeren dafür verwenden.

Kissel: *Zucker (nach Geschmack und Süße des Fruchtsaftes), 3/4 Liter Fruchtsaft, 3 EL Maisstärke oder Kartoffelmehl, 4 EL Wasser, Saft von 1/2 Zitrone, 200 g frische Früchte (nach Belieben), 1/4 Liter süße Sahne*

Den gezuckerten Saft zum Kochen bringen. Die Stärke mit Wasser verrühren und in den Saft geben, kurz aufkochen und sofort vom Herd nehmen. Den Zitronensaft zufügen und eventuell noch Früchte unterheben. Erkalten lassen, dazu die leicht geschlagene Sahne reichen.

Rhabarber-Erdbeer-Grütze: *400 g Rhabarber, etwa 1/4 Liter Wasser, etwa 100 g Zucker, 1/2 Vanilleschote, 2 EL Maisstärke, 4 EL Wasser, 250 g Erdbeeren, 1/4 Liter süße Sahne*

Den gut gewaschenen Rhabarber falls nötig schälen und in 2–3 cm große Stücke schneiden. In dem Wasser mit Zucker und aufgeschnittener Vanilleschote etwa 15 Minuten kochen. Vanilleschote entfernen, Maisstärke mit Wasser anrühren und zum Rhabarber geben. Kurz aufkochen, dann erkalten lassen und die halbierten Erdbeeren unterrühren. Geschlagene Sahne dazu reichen.

Dänische Krapfen

Æbleskiver
Dänemark

Die Dänen nennen diese Spezialität *æbleskiver*. Sowohl Apfelschnitte als auch Krapfen geben nur ungenau wieder, was gemeint ist. Vielleicht wurde dieses herrliche Backwerk früher so genannt, weil es aufgeschnitten und mit Apfelgelee gefüllt wurde. Æbleskiver werden zum Nachmittags- oder Abendkaffee gereicht.

Für etwa 30 Stück:
4 Eier, 30 g Zucker, 250 g Mehl, knapp 1/4 Liter Milch, 40 g Hefe, 200 ml süße Sahne, abgeriebene Schale von 1 unbehandelten Zitrone, 1 Messerspitze Salz, Kardamom, 50 g Butter, Fett für die Krapfenpfanne, Puderzucker

Die Eier trennen. Eigelb mit dem Zucker schaumig rühren. Das gesiebte Mehl, die in der erwärmten Milch aufgelöste Hefe und die Sahne zufügen. Mit Zitronenschale, Salz und Kardamom abschmecken. Die zerlassene Butter zugeben, alles gut verrühren und den geschlagenen Schnee von 3 Eiweiß unterziehen. Zugedeckt 1 Stunde stehen lassen.
Für die Zubereitung dieser Krapfen benutzt man in Dänemark eine spezielle Krapfenpfanne mit 7 oder 9 Vertiefungen. Die Pfanne auf dem Herd erwärmen, mit Fett ausstreichen, etwas Teig in die Vertiefung gießen und die Krapfen backen. Da die Krapfen aufgehen, die Vertiefungen nur halb mit Teig füllen. Sobald die untere Seite goldbraun ist, die Krapfen mit einer Stricknadel wenden und fertigbacken. Es entsteht eine Kugel. Mit Puderzucker bestreut heiß servieren. Dazu reicht man Apfelgelee. Zur Abwechslung paßt auch eine Schokoladen-Cognac-Sauce sehr gut.

Gekochte Krebse

Keitetyt ravut
Finnland

In Schweden, aber auch in Finnland feiert man gern und viel. Im August finden in beiden Ländern die traditionellen Krebsessen statt. Man verlegt die Feste möglichst ins Freie und genießt reichlich von den rotgekochten Krustentieren.
Dazu gibt es in Finnland Toastbrot und Bier und natürlich Wodka. Die Schweden bevorzugen selbstverständlich ihren Aquavit.

8 lebende Flußkrebse pro Person, 5 Liter Wasser, 4 EL Salz, 2 EL Dillsamen, 2 Dilldolden, 3 Bund Dill

Die Krebse gründlich mit einer Bürste reinigen. Wasser mit Salz, Dillsamen, Dilldolden und Dill zum Kochen bringen und die Krebse nach und nach in das sprudelnd kochende Wasser geben. Zudecken und nach erneutem Aufkochen noch 8 Minuten sieden. Die Krebse in dem Sud erkalten lassen. Eine Schüssel oder Platte dekorativ mit den Krebsen belegen, etwas durchgesiebten Sud zugießen und mit Dillstengeln garnieren.

Gedämpfter Lachs

Dampet laks
Dänemark

Lachs gilt weltweit als Luxus. Ob das mit seinen eingeschränkten Fanggebieten zu tun hat oder mit seiner besonderen Schmackhaftigkeit? Auf jeden Fall nimmt dieser edle Fisch auch für die Dänen einen wichtigen Platz auf dem Speisezettel ein. Vor allem ist er bei den regelmäßig wiederkehrenden Festen des Jahres ein obligatorischer Bestandteil. Je einfacher er zubereitet wird, desto unverfälschter bleibt er im Geschmack. Zu dieser Version passen ausgezeichnet Fischkartoffeln.

1 kleiner Lachs (etwa 1,5 kg), Salz, 3 Bund Dill, 1 Glas trockener Weißwein.
***Für die Fischkartoffeln:** 1,2 kg kleine längliche Kartoffeln, Salz, 150 g Butter, 2 Bund Petersilie.*
1 Zitrone, Dillzweige

Den vorbereiteten Lachs im Ganzen auf den Einsatz eines Fischtopfes geben und über Salzwasser, dem Dill und Wein zugefügt wurden, garziehen lassen.
Für die Fischkartoffeln: Währenddessen die geschälten Kartoffeln in Salzwasser kochen, herausnehmen, heiße Butter darübergießen und mit gehackter Petersilie bestreuen.
Den Lachs mit Zitronenecken und Dillzweigen anrichten und die Fischkartoffeln dazu reichen. Ein frischer Salat rundet das Essen ab.

Marinierter Lachs

Gravad lax
Schweden

Bei diesem Rezept bleibt der Lachs zwei bis drei Tage unter Salz, Zucker und Dill „begraben". Das verleiht ihm den überaus feinen Geschmack und jene Zartheit, die die Scheiben förmlich auf der Zunge zergehen lassen.

Für 8 Personen:
1,5 kg Lachs (Mittelstück), 2 EL grobkörniges Salz, 1 EL weiße Pfefferkörner, 1 1/2 EL Zucker, 2 Bund frischer Dill, 1–2 Zitronen

Den Lachs schuppen, ausnehmen, der Länge nach in zwei Hälften schneiden. Rückgrat und alle Gräten entfernen. Salz, grobgehackte Pfefferkörner und Zucker vermischen. Die eine Lachshälfte mit der Hautseite nach unten in eine Kasserolle legen. Mit der Salzmischung bestreuen, mit gewaschenem Dill bedecken. Die zweite Fischhälfte, Hautseite nach oben, darauflegen. Mit Aluminium abdecken. Ein Holzbrett darüberlegen und mit Gewichten (eventuell Konservendosen) beschweren. Für etwa 2–3 Tage in den Kühlschrank stellen. Dabei mehrmals wenden und mit der sich bildenden Flüssigkeit bestreichen, auch die Innenseiten. Anschließend immer wieder gut abdecken. Zum Servieren die Gewürze entfernen, den Lachs trockentupfen und schräg zur Faser in dünne Scheiben schneiden. Auf einer Platte mit Dillsträußchen und Zitronenscheiben garniert anrichten. Als Hauptgericht werden eine Senfsauce, Weißbrot oder Dillkartoffeln sowie Gurkensalat dazu gereicht.

Für das Smørrebrød: Dazu belegt man ein Weißbrot mit Lachs und kleingewürfelten Gurken, garniert mit einem Dillzweig und einer Zitronenscheibe. Dazu reicht man eine Senfsauce.

VODKA
40 % vol
DEL 3

Lamm in Dillsauce

Kokt lamm med dillsås
Schweden

Für die skandinavische Küche ist typisch, daß auch Fleischspeisen oft mit Dillsaucen verfeinert und mit Dillkraut garniert werden. Dill scheint ein unentbehrliches Gewürz zu sein, von dem reichlich Gebrauch gemacht wird.

1 Liter Wasser, 1,2 kg Lammfleisch (Schulter oder Brust), 1 Kräuterstrauß (Dill, Petersilie, Lorbeerblatt), 4 weiße Pfefferkörner, 2 Nelken, 1 Karotte, 1 Zwiebel, 1 Stück Sellerieknolle, 40 g Butter, 30 g Mehl, Salz, Pfeffer, 1 Prise Zucker, 1/2 TL milder Senf, 1 TL Zitronensaft, 1 TL Essig, 4 EL gehackter Dill, 1 Eigelb, 1/8 Liter saure Sahne, einige Stengel Dill zum Garnieren, 1 Zitrone

Das Wasser zum Kochen bringen. Lammfleisch einlegen und den sich bildenden Schaum abschöpfen, Kräuterstrauß, Pfefferkörner und Nelken sowie das kleingeschnittene Gemüse zufügen. Bei niedriger Temperatur etwa 1 1/2 Stunden kochen. Das Lammfleisch herausnehmen, in Aluminiumfolie warm halten und die Brühe durch ein Sieb gießen.

Die Butter schmelzen, das Mehl hineinschütten und durchschwitzen lassen. Unter ständigem Rühren mit dem Schneebesen nach und nach einen halben Liter der Lammbrühe zugießen, aufkochen und 10 Minuten ziehen lassen. Die Gewürze hinzufügen, Eigelb und saure Sahne mit einer halben Tasse der Sauce verquirlen und zurück in den Topf geben, aber nicht mehr kochen lassen. Nochmals abschmecken und über das angerichtete Lammfleisch gießen. Mit Dill und Zitronenecken garnieren.

Neue Kartoffeln, Reis oder Bandnudeln sind eine ideale Ergänzung.

Klass I
1856

Leberpastete

Leverpostej
Dänemark

Wesentlicher Bestandteil des dänischen kalten Buffets, des *kolde bord*, ist die Leberpastete. Aber auch als Belag für *smørrebrød* ist sie sehr beliebt. Kunstvoll angerichtet, findet man sie hier in vielen Variationen.

2 Zwiebeln, 2 EL Öl, 650 g Leber, 300 g frischer Speck, 60 g Sardellenfilet, 30 g Butter, 2 EL Mehl, 2 EL Paniermehl, 1/4 Liter süße Sahne, 3 Eier, Salz, Pfeffer, gemahlener Piment, Muskatnuß, 1 Messerspitze Nelkenpulver, 1/2 TL Thymian, 1/2 TL Majoran, Madeira, 350–400 g Räucherspeckscheiben für die Form

Die gehackten Zwiebeln in Öl glasig dünsten und abkühlen lassen. Leber, Speck, Sardellenfilet und Zwiebeln zweimal durch die feinste Scheibe des Fleischwolfes drehen. Butter, Mehl, Paniermehl und Sahne gut verrühren und zu der Lebermischung geben. Nach und nach die Eier unterheben. Die Masse gut verrühren, da dies zu einer besseren Qualität der Pastete beiträgt. Nach Geschmack würzen und in eine mit Räucherspeckscheiben ausgelegte Pasteten- oder Königskuchenform füllen. Mit Aluminiumfolie abdecken und im Wasserbad im vorgeheizten Backofen auf der mittleren Schiene etwa 1 1/2–2 Stunden bei 180 °C garen. Erst nach dem völligen Erkalten stürzen. Gern serviert man dazu Gewürzgurken und rote Bete. Die Pastete eignet sich aber auch als Vorspeise.

Für das Smørrebrød: Dazu belegt man ein Mischbrot mit einem Salatblatt, einer Scheibe Leberpastete, gibt gedünstete Champignons, Zwiebelringe und Tomatenachtel darauf und garniert mit einem Petersiliensträußchen.

Makrelen

Makrell
Norwegen

Neben Hering und Kabeljau spielt die schlanke Makrele für den norwegischen Speisezettel eine wichtige Rolle. Wegen ihres saftigen, aromatischen Fleisches eignet sie sich gut zum Grillen. Es gibt sie aber auch gedämpft, gebraten oder geräuchert. Makrelen sind nicht nur wegen ihres guten Geschmacks so beliebt, sondern auch weil sie so vielfältig zu verwenden sind.

2 Makrelen à 500 g, Saft von 1/2 Zitrone, Salz.
Für die Sauce: *2 Zwiebeln, 50 g Butter, 2 EL Mehl, 1 TL Curry, 1/2 TL gehackter Ingwer, 2 Äpfel, 1 EL Zitronensaft, 3/8 Liter Geflügelbrühe, gut 1/8 Liter süße Sahne, etwas Thymian, Salz, 1 EL Mango Chutney (nach Belieben)*

Die Makrelen ausnehmen, waschen, mit Zitronensaft beträufeln und salzen. Im Dampfaufsatz etwa 15–20 Minuten garen.
Für die Sauce: Währenddessen die kleingehackten Zwiebeln in der Butter glasig dünsten. Mehl, Curry und Ingwer zufügen. Die Äpfel raspeln, mit Zitronensaft beträufeln und ebenfalls zugeben. Mit Geflügelbrühe und Sahne ablöschen. Thymian, Salz und eventuell Mango Chutney vollenden die Sauce, die zu den Makrelen serviert wird. Dazu paßt Kartoffelpüree.

Nationaltagsdessert

Grundlovsdessert
Dänemark

König Frederik IX. unterschrieb am 5. Juni 1953 eine neue Verfassung, mit der sich Dänemark von einer konstitutionellen zu einer demokratisch-parlamentarischen Monarchie entwickelte. Seither wird dieser Tag als Nationaltag gefeiert. Was liegt bei den Dänen da näher, als für eine leckere Nachspeise den Namen „Nationaltagsdessert" zu erfinden. Die Dänen haben nun einmal eine besondere Vorliebe für süße Speisen und viel Sahne.

600 g Rhabarber, etwa 125 g Zucker, 2 TL Zitronensaft, 1/4 Liter Milch, 1 Vanilleschote, 3 Blatt rote und 3 Blatt weiße Gelatine, 4 Eier, 1/4 Liter süße Sahne, 30 g Mandelblättchen

Den Rhabarber falls nötig schälen, in 2–3 cm große Stücke schneiden. Mit der Hälfte des Zuckers und dem Zitronensaft etwa 15 Minuten kochen, bis die Rhabarberstückchen weich sind. Die Milch mit der aufgeschnittenen und ausgeschabten Vanilleschote zum Kochen bringen. Nach einigen Minuten von der Kochstelle nehmen, etwas abkühlen lassen, die Vanilleschote entfernen und die kalt eingeweichte und ausgedrückte Gelatine in der Milch auflösen. Die Eier trennen. Eigelb mit dem restlichen Zucker cremig rühren, die Vanillemilch hineingeben und kalt stellen. Sobald die Creme fest zu werden beginnt, den steifen Eischnee und die Hälfte der geschlagenen Sahne unterziehen.

Rhabarber in Schälchen verteilen, mit Creme überziehen, mit Mandelblättchen bestreuen und mit der restlichen Sahne servieren.

Osterquark

Pasha
Finnland

Pasha ist eine karelische Spezialität, die als Nachspeise oder zum Kaffee gereicht wird. Ursprünglich als russisches Ostergericht ins Land gekommen, darf sie auf keinem karelischen Ostertisch fehlen. Früher benützte man zur Herstellung besondere Formen aus Weichholz, in die kunstvoll kirchliche Symbole geschnitzt waren. Heute behilft man sich mit einem sauberen, mit Mull ausgelegten Blumentopf. Wichtig ist das Loch im Boden der Form, durch das die Flüssigkeit der Quarkmasse abfließen kann.

1 kg Quark, 200 g Butter, 3 Eigelb, 1 Ei, 150 g Zucker, 200 ml süße Sahne, 1 Vanilleschote, 50 g Zitronat, 50 g Orangeat, 50 g Mandeln, 50 g Rosinen eingelegt in Suomuurain (Multbeerlikör) oder ersatzweise in einen anderen Fruchtlikör, 1/2 TL Nelken, 1/2 TL Zimt, 1–2 EL Zitronensaft, 15–20 ganze Mandeln, kandierte Kirschen

Flüssigkeit aus dem Quark pressen, die weiche Butter unterrühren. Eigelb, Ei und Zucker schaumig rühren. Nach und nach Sahne und ausgeschabte Vanille zugeben. Über Wasserdampf so lange rühren, bis eine cremige Masse entsteht. Aus dem Wasserbad nehmen, bis zum Kaltwerden weiterrühren, dann unter den Quark mischen. Feingehacktes Zitronat und Orangeat, Mandeln, Rosinen, Nelken, Zimt und Zitronensaft hinzufügen. Einen neuen 1 1/2 Liter fassenden Blumentopf mit einem feuchten Mulltuch auslegen, die Masse hineingeben. Das Mulltuch sollte so groß sein, daß auch die Oberfläche bedeckt werden kann. Ein Gewicht auf den Topf stellen und an einem kühlen Ort aufbewahren. Nach 1 bis 2 Tagen stürzen, mit Mandeln und kandierten Kirschen dekorieren.

Pfannkuchen

Plättar
Schweden

In Schweden kennt man zwei Arten von Eierpfannkuchen. Die großen in einer normalen Pfanne gebackenen heißen *pannkaka.* Die kleinen, die sogenannten *plättar,* werden zu mehreren gleichzeitig in einer unterteilten Pfanne gebacken. Sollten Sie diese schwedische *plättpanna* nicht zur Verfügung haben, so können Sie stattdessen jede andere Pfanne nehmen. Für beide Arten von Pfannkuchen wird der gleiche Teig bereitet. Die dünnen, crêpesartigen Eierkuchen können mit Fleisch, Gemüse, aber auch zum Nachtisch mit Früchten, Wildbeerenkompott oder Konfitüren bedeckt werden.
Die Schweden lieben dieses Dessert im Anschluß an die traditionelle Donnerstagserbsensuppe.

Für 4–6 Personen:
3 Eier, knapp 1/4 Liter Flüssigkeit (halb Milch, halb süße Sahne), 75 g Mehl, 3 EL zerlassene Butter, 1 Prise Salz, 1 Prise Zucker, 1 Päckchen Vanillezucker, Butter für die Pfanne

Eier und die Hälfte der Flüssigkeit gut verrühren und das Mehl hinzugeben. Weiterrühren, bis eine geschmeidige Masse entsteht. Die restliche Flüssigkeit, die zerlassene Butter, Salz, Zucker und Vanillezucker zufügen und 15 Minuten stehen lassen. In die mit Butter ausgestrichene Pfanne jeweils 1 Eßlöffel Teig geben und je nach Größe der Pfanne mehrere Pfannkuchen auf einmal backen. Dabei jede Seite etwa 1–2 Minuten backen, bis sie knusprig und goldgelb ist.

Pfarrhausdessert

Pappilan hätävara
Finnland

Die Finnen gaben dem Dessert wohl diesen Namen, weil das Pfarrhaus als Helfer in der Not bekannt ist. Bei diesem Rezept handelt es sich um eine Hilfe für die Hausfrau. Bei einem überraschenden Besuch kann sie mit Kuchenresten oder Plätzchen schnell einen leckeren Nachtisch improvisieren. Sahne und Beeren sind in Finnland immer reichlich vorhanden.

1/4 Liter süße Sahne, 500 g Brombeeren, 1 EL Zucker, 1 Prise Zimt, 1 Prise Nelkenpulver, Bisquits oder andere Kuchenreste

Die Sahne schlagen. Die gewaschenen Beeren, Zucker, Zimt und Nelkenpulver zugeben. Dessertschalen schichtweise mit Bisquits und der Beeren-Sahne-Mischung füllen und etwas durchziehen lassen. Zum Servieren mit Beeren und Sahne garnieren.

Pilze in Rahmsauce

Sienimuhennos
Finnland

Die unübersehbaren Wälder Finnlands bringen Jahr für Jahr im Sommer einen Pilzreichtum hervor, der von den meisten Bewohnern des Landes dazu genutzt wird, ihren Speisezettel zu bereichern. Die sehr naturverbundenen Finnen sind nicht nur leidenschaftliche Beerensammler, sondern auch hervorragende Pilzkenner. Die älteste Art der Haltbarmachung von Pilzen ist das Trocknen. Hierbei wird der frische Geschmack am besten erhalten, und man kann auch außerhalb der Pilzsaison leckere Pilzgerichte zubereiten.

600 g frische Pilze (Steinpilze, Pfifferlinge, Champignons oder auch Mischpilze), 1 EL Zitronensaft, 1 Zwiebel, 40 g Butter, 1–2 TL Mehl, gut 1/4 Liter süße Sahne, Salz, frisch gemahlener weißer Pfeffer, feingehackte Kräuter (Petersilie, Schnittlauch, Dill, Kerbel, Liebstöckel), 1/8 Liter saure Sahne

Die Pilze putzen, waschen, klein schneiden und mit Zitronensaft beträufeln. Die Zwiebel würfeln und in der Butter andünsten. Die Pilze zugeben, nach 5 Minuten das Mehl überstäuben und mit der süßen Sahne ablöschen. Einige Minuten köcheln lassen. Mit Salz und Pfeffer würzen. Die Kräuter zusetzen und mit der sauren Sahne abrunden.

Dazu können Kartoffeln, Reis, Teigwaren oder auch Brot gereicht werden.

Gekochte Pökelrinderbrust

Oxbringa
Schweden

Südschweden gilt als die Kornkammer des Landes. Auf saftigen, grünen Weiden grasen Rinderherden. Obst-, Gemüse- und Blumengärten runden das bunte Bild ab und vermitteln den Eindruck von einem Land, in dem Milch und Honig fließen.

2 kg gepökelte Rinderbrust, 1 Stange Porree, 1 Karotte, 1 Stück Sellerieknolle, 1 Petersilienwurzel, Blattpetersilie.
***Für die Meerrettichsauce:** 40 g Mehl, 40 g Butter, 1/2 Liter Brühe, 50 g Korinthen oder Rosinen, Salz, 1 Prise Zucker, 1 EL Zitronensaft, frisch geriebener Meerrettich*

Die gewaschene Rinderbrust in kochendes Wasser geben, nach einigen Minuten abschäumen und langsam weiterkochen lassen. Suppengemüse waschen, bündeln und nach einer halben Stunde zugeben. Weitere 1 1/2 Stunden simmern lassen. Währenddessen die Meerrettichsauce zubereiten.
Für die Merrettichsauce: Mehl in die zerlassene Butter geben und durchschwitzen lassen. Nach und nach mit Brühe auffüllen und 8–10 Minuten köcheln lassen. Die Korinthen zufügen. Mit Salz, Zucker, Zitronensaft und Meerrettich abschmecken, die Sauce aber nicht mehr kochen lassen.
Die Rinderbrust in Scheiben schneiden und die Meerrettichsauce gesondert dazu reichen. In Brühe gedünstete Karotten, Rahm- oder Petersilienkartoffeln sind eine ideale Ergänzung.
Für das Smørrebrød: Gekochte Pökelrinderbrust kann man mit Meerrettichsahne, hauchdünnen Karottenscheiben und garniert mit einem Petersilienstrauß auf Pumpernickel anrichten.

Rebhuhn gefüllt mit Steinpilzen

Rapphöna
Schweden

Von allen Wildvögeln ist das Rebhuhn, auch Feldhuhn genannt, wegen seines feinen Geschmacks am begehrtesten. Es lebt in kleinen Völkern auf Wiesen und Feldern. Besonders die jungen Rebhühner, die an den gelben Läufen und dem dunklen, scharfen Schnabel zu erkennen sind, besitzen ein zartes Fleisch und werden deswegen zum Braten bevorzugt.

1 Zwiebel, 80 g Butter, 200 g Steinpilze, Salz, frisch gemahlener weißer Pfeffer, 1 Bund Petersilie, 2–3 TL Paniermehl, 4 junge Rebhühner, 200 g Speck in Scheiben, 1/4 Liter Brühe, 1/4 Liter süße Sahne, 2 TL Speisestärke, Madeira, 1 Trüffel (nach Belieben)

Die gehackte Zwiebel in 20 Gramm Butter glasig dünsten. Die gesäuberten und kleingeschnittenen Steinpilze dazugeben, salzen, wenig pfeffern und weichdünsten. Die gehackte Petersilie und das Paniermehl unterziehen und erkalten lassen. Diese Masse in die vorbereiteten Rebhühner füllen, zunähen und mit dünnen Speckscheiben umwickeln. In der restlichen Butter die Rebhühner zunächst auf der Brustseite braten, dann wenden. Nachdem sie hell gebräunt sind, mit Brühe ablöschen und zudecken. Dabei häufiger begießen. Die Garzeit beträgt etwa 50 Minuten, je nach Größe der Rebhühner. Die Sauce mit Sahne und Speisestärke andicken, mit Madeira verfeinern und mit Salz und Pfeffer abschmecken. Einige feingeschnittene Trüffelscheiben in der Sauce vollenden diesen Genuß.

Rehkeule

Rådyrlår
Norwegen

Das Wild der norwegischen Bergwelt wird seit alters her in der heimischen Küche sehr geschätzt, bedeutet es doch eine willkommene Bereicherung des Speisezettels, der sich ja vornehmlich aus Meeresfisch zusammensetzt. Wildbret ergibt magere, wohlschmeckende Braten. Das trifft besonders für das Rehwild zu, das ja nicht grast, sondern äst. Es nascht sozusagen nur von den erlesensten Kräutern.

1 Rehkeule (etwa 2,5 kg), 200 g in dünne Streifen geschnittener Speck, Salz, frisch gemahlener weißer Pfeffer, 1 große Scheibe fetter Speck, Bratfett, 1 Karotte, 1 Zwiebel, 150 g Sellerieknolle, 1 Petersilienwurzel, 1 Bund Petersilie, Thymian, 1 Lorbeerblatt, 2 Pimentkörner, 5 Wacholderbeeren, 1/2 Liter Milch, 1/8 Liter süße Sahne, 1/4 Liter saure Sahne

Die gewaschene und trockengetupfte Rehkeule mit den Speckstreifen spicken. Mit Salz und Pfeffer einreiben und der Speckscheibe bardieren (umwickeln). Im erhitzten Fett von allen Seiten anbraten. Die kleingeschnittenen Gemüse sowie die Kräuter und Gewürze zugeben. Die Milch zugießen und zugedeckt im vorgeheizten Backofen 2 1/2 Stunden schmoren lassen. Danach die Keule warm stellen und die Garflüssigkeit durch ein Sieb gießen. Etwas einkochen lassen und mit süßer und saurer Sahne verfeinern und nochmals abschmecken. Sehr gern ißt man dazu Pilze und Preiselbeeren. Eine gute Ergänzung ist auch Sahnesauce mit Ziegenkäse.

ROBBE & BERKING
GERMANY

Reisbrei

Risgrynsgröt
Schweden

In den schwedischen Familien wird Weihnachten auch heute noch nach alter Tradition verbracht. Man feiert im großen Familienkreis, zu dem auch gute Freunde geladen werden. Nach dem gemeinsamen Tanz um den geschmückten Tannenbaum, bei dem sich alle an den Händen fassen und Weihnachtslieder singen, beginnt das festliche Mahl.
Reisbrei, mit Zimt und Zucker bestreut, darf bei einem schwedischen Weihnachtsmenü niemals fehlen.

gut 3/4 Liter Milch, 1 Vanilleschote, 1 Prise Salz, 160 g Rundkornreis, 1 süße Mandel, 100 g Butter in Kügelchen, 80–100 g Zucker, 2 TL gemahlener Zimt

Die Milch mit der aufgeschnittenen und ausgeschabten Vanilleschote und Salz zum Kochen bringen. Den gewaschenen Reis hineingeben, einmal gut aufkochen lassen und mit geschlossenem Deckel bei schwacher Hitze garquellen. Die Vanilleschote entfernen und die Mandel unterrühren. Butter und die Zukker-Zimt-Mischung gesondert dazu reichen.
Heutzutage wird diese Zubereitungsart gern abgewandelt, indem man unter den abgekühlten Reis gehackte Mandeln und Rosinen gibt, geschlagene Sahne unterzieht, mit Kirschlikör parfümiert und 1 oder 2 Nelken mitkocht.
Man kann auch den gequollenen Reis mit Zimtzucker abschmecken, ein verquirltes Ei zufügen und den Reis in einer eingefetteten Auflaufform, mit Butterflöckchen belegt, für rund 10 Minuten im vorgeheizten Ofen bei 180–200 °C backen. Dazu mundet eine Kirsch- oder Hagebuttensauce ausgezeichnet.

Rentiersteak

Poronlihapihvi
Finnland

Die nördlichen Gebiete Skandinaviens werden von den Samen, die auch Lappen genannt werden, durchstreift. Der bedeutendste Besitz dieses Nomadenvolkes liegt in den unermeßlichen Rentierherden, die sie zu immer neuen Weidegründen treiben. Das Ren gibt den Samen fast alles, was sie zum Leben brauchen. Da Rentierfleisch in unseren Breitengraden nur schwer zu bekommen ist, können Sie genausogut Reh verwenden.

4 Rentiersteaks, Salz, frisch gemahlener weißer Pfeffer, 1 EL Mehl, 2 EL Öl, 1 EL Butter, 1 Glas Rotwein, 100 ml Wildbrühe, 1 TL Zitronensaft, 100 ml süße Sahne

Die Steaks salzen, pfeffern und sehr wenig mehlen. Das Öl erhitzen, die Butter zufügen und die Steaks auf beiden Seiten braten. Herausnehmen und warm stellen. Den Bratensatz mit Rotwein ablöschen. Die Brühe zufügen und etwas einkochen lassen. Mit Zitronensaft und Sahne verfeinern und abschmecken.
Dazu gibt es Morcheln, Multbeeren und Schloßkartoffeln. Das sind halbmondförmig, mit stumpfen Enden geschnittene Kartoffeln, die zunächst auf dem Herd angebraten und dann im Ofen fertiggegart werden. Man serviert sie mit Petersilie bestreut.

Gedünstetes Rindfleisch

Brun lapskaus
Norwegen

Lapskaus ist in verschiedenen Variationen auch in norddeutschen Hafenstädten bekannt. Es ist ein altes Seemannsgericht. Die Zutaten verleihen dieser Speise nicht nur Schmackhaftigkeit, sondern garantieren auch eine kräftige Mahlzeit, was den Fahrensmännern früherer Jahrhunderte gewiß sehr zuträglich war.

4 Scheiben Rindfleisch (Hüfte) à 160–180 g, Salz, frisch gemahlener weißer Pfeffer, 2 Zwiebeln, 2 Karotten, 50 g Butter, 1 EL Mehl, 1–2 TL Senf, gut 1/2 Liter Fleischbrühe

Die Fleischscheiben salzen und pfeffern. Die Zwiebeln in Ringe schneiden und die Karotten in Scheibchen. Die Butter erhitzen und die Fleischscheiben auf beiden Seiten anbraten. Zwiebelringe zufügen und glasig werden lassen, danach die Karotten zugeben. Mehl darüberstäuben, mit Senf würzen und mit Brühe ablöschen. Zugedeckt bei geringer Hitze etwa 35 Minuten köcheln lassen, bis die Fleischscheiben weich sind.
Wirsingkohl und Bouillonkartoffeln sind eine ideale Ergänzung.

FABRIK MÆRKE
REG. 1885 Nº 253

Rindsuppe mit Klößen

Köttsoppa med klimp
Schweden

Die Schweden sind nicht gerade als große Suppenesser bekannt. Doch bringt die schwedische Hausfrau außer der traditionellen Erbsensuppe am Donnerstag manchmal auch eine kräftige Fleisch-Gemüse-Suppe auf den Tisch.

400 g Rinderbrust oder Keule, 1 Stück Sellerieknolle, 1 Stange Porree, 2 Karotten, 1 Petersilienwurzel, 1 1/2 Liter Wasser, Salz, Pfeffer, 2 Tropfen Worcestershiresauce, 1/8 Liter süße Sahne, 1 EL Butter, 60–80 g Mehl, 20 g Grieß, 2 Eier, Muskat, 1/2 Bund Petersilie

Das Rindfleisch mit dem kleingeschnittenen Gemüse im kalten Wasser zum Kochen bringen und gut 1 Stunde köcheln lassen, bis das Fleisch gar ist. Herausnehmen und die Brühe würzen.

In einem gesonderten Topf die Sahne mit der Butter aufkochen. Mehl und Grieß zugeben und rühren, bis sich ein Kloß vom Topfboden löst. Von der Kochstelle nehmen, etwas abkühlen lassen und die Eier nach und nach unterrühren. Mit Salz und Muskat würzen. Kleingehackte Petersilie unterrühren. Kleine Klößchen abstechen und in die kochende Brühe geben. Etwa 10 Minuten garziehen lassen. Das Fleisch klein schneiden und in die Suppe zurückgeben.

Rollwurst

Rullepølse
Dänemark

Rullepølse, eine Art Preßwurst, ist eine sehr pikante Spezialität der Dänen. Sie eignet sich gut für den alltäglichen Brotbelag, wird aber auch gern für die Zubereitung von *smørrebrød* zu festlichen Anlässen verwendet. Es handelt sich um ein sehr altes Rezept aus bäuerlicher Tradition.

300 g Schweinefleisch, 300 g Rindfleisch, Salz, frisch gemahlener schwarzer Pfeffer, Piment, Nelkenpulver, 1 Zwiebel, 2 EL gehackte Petersilie, 1 EL Liebstöckel, 1 Schweineflanke (Seitenstück).
***Für die Lake:** 1 1/4 Liter Wasser, 250 g Salz, 2 TL Salpeter, 2 1/2 EL Zucker*

Das Fleisch in dünne Streifen schneiden, würzen und mit der gehackten Zwiebel, Petersilie und Liebstöckel vermengen. Auf das vorbereitete Flankenstück legen und zu einer Wurst aufrollen. Mit Garn umwickeln.
Für die Lake: Das Wasser aufkochen, Salz, Salpeter und Zucker zufügen, umrühren und wieder abkühlen lassen.
Die Rollwurst hineinlegen. Das Fleisch sollte von der Lake bedeckt sein und 3 Tage darin liegen. Anschließend die Rollwurst etwa 1 1/2 Stunden in Brühe oder Wasser kochen, herausnehmen und beschweren. Nach dem Abkühlen das Garn entfernen und in Scheiben geschnitten mit Roggenbrot und eingelegten Gurken servieren.
Für das Smørrebrød: Dazu belegt man ein Roggenbrot mit einer Scheibe Rollwurst und garniert mit Zwiebel- und roten Paprikaringen.

Eingelegte rote Bete

Krydrete rødbeter
Norwegen

Seit dem frühen Mittelalter wird dieses nicht nur in Skandinavien sehr beliebte Gemüse vom Mittelmeerraum ausgehend angebaut. Für den kurzen norwegischen Sommer ist die robuste Pflanze ein ideales Gewächs. Wie alle Wurzelgewächse speichert die rote Bete reichlich Mineralstoffe. Aus diesem Grund ist sie sehr gesund. Ihre Verwendung ist vielfältig. Nicht zuletzt wegen ihres roten Farbstoffes nimmt man sie gern für Salate und Suppen. Eingelegte rote Bete fehlen auf keinem norwegischen kalten Buffet, dem *koldbord*.

1 kg rote Bete, 7 EL Essig.
Für die Marinade: *1/8 Liter Wasser, 2 EL Zucker, Salz, frisch gemahlener schwarzer Pfeffer, 1 Lorbeerblatt, 2 Nelken, 1/2 TL Kümmel, 2 Scheibchen Meerrettich (nach Belieben).*
6 EL Öl, 1 Zwiebel

Die roten Bete gründlich bürsten. Stielansätze und Wurzeln vor dem Kochen nicht abschneiden, da sonst der rote Farbstoff auskocht.
1 1/2–2 Liter Wasser mit der Hälfte des Essigs zum Kochen bringen. Rote Bete hineingeben und etwa 50 Minuten kochen lassen.
Für die Marinade: Währenddessen den restlichen Essig und die Zutaten für die Marinade kurz aufkochen.
Die lauwarmen roten Bete schälen oder mit den Händen aus der Haut drücken, in dünne Scheiben schneiden und in eine Schüssel legen. Das Öl und die gehackte Zwiebel zu der Marinade geben, alles vermengen und über die roten Bete gießen. Dann gut abgedeckt 12–14 Stunden an einen kühlen Ort stellen. Hin und wieder durchmischen.

LORBEER

Rotkohl

Rødkål
Dänemark

Zu den beliebten dänischen Gemüsesorten, die während der kalten Jahreszeit zubereitet werden, zählen die verschiedensten Kohlarten. Rotkohl wird gern als Beilage zu gebratener Gans oder Ente gereicht. Er ergänzt sich aber auch gut mit Schweinebraten. Die Zugabe von Johannisbeersaft verleiht dem Rotkohl den pikanten Geschmack. Es ist erstaunlich, was Dänen aus diesem Gemüse alles machen. So wird er einem *smørrebrød* bisweilen roh beigelegt. Oder man stellt einen leckeren Salat mit ihm her.

1 Rotkohl (etwa 1 kg), 1 Zwiebel, 2 Äpfel, 1 EL Zitronensaft, 50 g Butter, 1/8 Liter Wasser, 3 EL Essig, 1/8 Liter Johannisbeersaft oder -gelee, 2 Nelken, 1 EL Zucker, Salz, etwas Piment

Die Außenblätter des Kohls entfernen. Den Kopf vierteln, den Strunk herausschneiden und den Kohl hobeln oder ganz fein schneiden. Die Zwiebel hacken, die vom Kerngehäuse befreiten und geschälten Äpfel in schmale Scheiben schneiden. Mit Zitronensaft beträufeln. Die Butter zerlaufen lassen. Zwiebel und Äpfel kurz darin andünsten und den Rotkohl zugeben. Wasser, Essig und Johannisbeersaft darübergießen, die Gewürze zufügen und bei niedriger Temperatur zugedeckt in etwa 1 1/4 Stunden weichkochen. Nochmals abschmecken.

MEL DANSK
38% vo
Gør godt om morgenen,
under jagten, på fisketuren,
eller som aperitif

Sahnesauce mit Ziegenkäse

Fløtesaus med geitost
Norwegen

Ziegen und Schafe sind es, die auf den kargen Böden Norwegens überleben können. Sie sind daher auch heute noch wichtige natürliche Rohstofflieferanten.
Eine besondere Spezialität ist *geitost*, ein harter, bräunlicher Ziegenkäse. Er hat einen kräftigen, eher erdigen Geschmack. In Scheiben geschnitten, wird er auf knusprigem dünnen Fladenbrot serviert. Wegen seines Aromas wird er gern dazu benutzt, Saucen zu verfeinern.

30 g Butter, 20 g Mehl, gut 1/8 Liter Bratensaft oder Brühe, 1/8 Liter süße Sahne, 2 TL roten Johannisbeergelee, 30 g brauner norwegischer Ziegenkäse (ersatzweise jeder andere Ziegenkäse), 1/8 Liter saure Sahne, Salz, frisch gemahlener weißer Pfeffer

Die Butter zerlaufen lassen. Das Mehl dazugeben und durchschwitzen. Bratensaft oder Brühe und Sahne zufügen und 8–10 Minuten köcheln lassen. Roten Johannisbeergelee und den in Scheiben geschnittenen Käse zugeben, bei kleiner Hitze so lange rühren, bis der Käse geschmolzen ist. Sauce nicht mehr aufkochen lassen. Mit saurer Sahne und – je nach Geschmack – einer Prise Salz und Pfeffer abrunden.

Schinkenbraten mit Kruste

Flæskesteg med svær
Dänemark

Für diesen Braten verwendet man ein Stück aus dem Schinken. Üblich ist aber auch ein Rückenstück, das die dänischen Metzger auf spezielle Art vorbereiten, das heißt ohne Knochen, aber mit Schwarte.

Für 12–14 Personen:
1 frischer Schinken (etwa 5 kg, möglichst von einem jungen Schwein), Salz, frisch gemahlener schwarzer Pfeffer, Senfpulver, einige Nelken, 2 Lorbeerblätter.
Für die Sauce: *etwa 1/2 Liter Brühe, 1/2 Liter süße Sahne, Salz, Pfeffer, 2 EL Tomatenmark, etwas Stärkemehl (nach Belieben)*

Die Schwarte des Schinkens wird rautenförmig eingeritzt, gesalzen, gepfeffert, mit Senfpulver eingerieben und mit Nelken und Lorbeerblättern gespickt. Den Schinken auf den Rost des Backofens mit der Schwarte nach oben legen. Das Fett in der Fettpfanne auffangen. Bei 150–160 °C etwa 4 Stunden braten. Die letzten 20 Minuten die Schwarte mit kaltem Wasser bestreichen und die Backtemperatur auf 210 °C erhöhen. Vor dem Aufschneiden den Braten ruhen lassen.

Für die Sauce: Währenddessen den Bratensaft entfetten, mit Brühe und Sahne etwas einkochen, salzen, pfeffern und mit Tomatenmark abschmecken. Falls man die Konsistenz der Sauce dicker wünscht, die Sauce noch mit etwas Stärkemehl binden.

Dazu ißt man Rotkohl, in Zucker gebräunte Kartoffeln, eingemachte Preiselbeeren, Senfgurken und Cornichons.

Für das Smørrebrød: Ein Roggenbrot mit Schinkenbraten, Remouladensauce, Gurkenfächern und Rotkrautsalat belegen.

Schlehenschnaps

Oratuomi-snabsi
Finnland

Für die Finnen bedeutet der Rhythmus der Natur noch sehr viel. Zu den reichen Gaben, die die unermeßlichen Wälder und Seen bereithalten, haben sie eine besondere Beziehung. So kann man die Finnen im Herbst in den Wäldern beim Sammeln der verschiedensten Wildbeeren antreffen. Die Multbeeren, *lakka*, und die *mesimarja*, eine Himbeerenart, kommen nur in den nördlichen Landesteilen vor. Moosbeeren, *karpalo*, und Preiselbeeren, *puolukka*, wachsen jedoch überall und sind sehr begehrt als Beilagen zu Wildgerichten. Die schwarzblauen Früchte des Schlehdorns werden nach dem ersten Frost gesammelt. Sie schmecken herb aromatisch, sind sehr vitaminreich und werden deshalb zu Likör oder Saft verarbeitet. Sehr gern verwendet der Finne diese Wildfrucht, um seinen eigenen Schnaps anzusetzen.

1 1/2 Tassen Schlehen, 2 TL Honig, 1/2 Liter 40%iger reiner Schnaps

Die Schlehen waschen und ins Gefrierfach geben. Gefroren in eine Flasche füllen. Den Honig zufügen und mit dem Schnaps auffüllen. Nach 3–4 Monaten haben Sie einen wunderbar aromatischen Schlehenschnaps.

Schornsteinfeger

Sotare
Schweden

Das Grillen über dem nur noch glimmenden Feuer, das man im Freien oder im Kamin entfacht hat, ist die ursprüngliche Methode, den Strömling zuzubereiten. Daher der Name Schornsteinfeger. Wenn Ihnen eine solche Grillmöglichkeit nicht zur Verfügung steht, können Sie die Strömlinge auch in der Pfanne zubereiten. Dort erzielen Sie den gleichen typischen rauchigen Geschmack, der den Schornsteinfeger auszeichnet.

1 kg frische Ostseeheringe (Strömlinge), Salz, 5 EL Öl, 2 EL Butter.
Für die Sauce: *1 Bund Dill, 1/2 Bund Petersilie, 1 Bund Schnittlauch, 1–2 TL Kapern, 1/8 Liter süße Sahne, 1/8 Liter saure Sahne, Salz, frisch gemahlener weißer Pfeffer*

Die Heringe ausnehmen, Köpfe und Flossen entfernen, gut waschen und trockentupfen. Die Fische mit Salz einreiben. In einer großen gußeisernen Pfanne das Öl erhitzen und die Butter zufügen. Die Heringe beidseitig in 7–10 Minuten je nach Größe knusprig und goldbraun braten. Sofort warm stellen, bis alle Fische gebraten sind.
Für die Sauce: Dill und Petersilie hacken. Schnittlauch und Kapern klein schneiden. Süße und saure Sahne mit der Hälfte der Kräuter verrühren. Mit Kapern, Salz und Pfeffer abschmecken.
Die Fische mit den restlichen Kräutern bestreuen. Die Sahnesauce getrennt servieren. Dazu schmecken Pellkartoffeln vorzüglich.

Schwedischer Salat

Svensk sallad
Schweden

Über die Hälfte Schwedens ist mit Wald bedeckt. Nur etwa ein Zehntel der Gesamtfläche wird landwirtschaftlich genutzt, das jedoch um so intensiver. Vor allem die ertragreichen Böden Südschwedens liefern die wichtigsten landwirtschaftlichen Produkte. Auf Grund der umgebenden Meere und der zahlreichen Binnengewässer kommt auch in Schweden der Fischerei eine besondere Bedeutung zu. Etwas von dem Reichtum der Erde und dem Reichtum des Meeres finden Sie im Schwedischen Salat wieder.

200 g gekochtes Rindfleisch, 200 g gekochte Kartoffeln, 200 g gekochte rote Bete, 1 säuerlicher Apfel, 2 Gewürzgurken, 1 Bückling.
Für die Sauce: *2 EL Essig, Salz, frisch gemahlener weißer Pfeffer, 1 TL Senf, 1 Prise Zucker, 6 EL Öl.*
1 EL Kapern, frische Kräuter (Petersilie, Dill, Schnittlauch), 2 hartgekochte Eier

Rindfleisch, Kartoffeln, rote Bete, Apfel und Gewürzgurken in Würfel schneiden. Den Bückling ausnehmen, die Gräten entfernen und den Fisch in kleine Stücke zerpflücken.
Für die Sauce: Aus Essig, Salz, Pfeffer, Senf, Zucker und Öl eine Salatsauce herstellen und über den Salat gießen.
Kapern und gehackte Kräuter daruntergeben. Mit Eispalten und Dillzweigen garnieren. Kühl stellen und durchziehen lassen.

Schweinekamm mit Äpfeln und Kartoffeln

Svinemørbrad med æbler og kartofler
Dänemark

In Dänemark wird gern und oft gegessen. Die dänische Kost ist auch die üppigste in ganz Skandinavien. Vielleicht trägt dazu das rauhe Nordseeklima bei.
Fünf bis sechs kleinere Essenspausen am Tag sind keine Seltenheit. Vor allem das *smørrebrød* ist als Zwischenmahlzeit oder Imbiß sehr beliebt. Die warme Mahlzeit, zu der sich die ganze Familie zu einem reichhaltigen Menü zusammenfindet, wird abends gereicht. Trotzdem trägt sie den Namen *middag*.

800 g Schweinekamm ohne Knochen, 3 EL Öl, Salz, frisch gemahlener weißer Pfeffer, 3 Zwiebeln, 4 Äpfel, 1 Liter Brühe, 6–8 schwarze Pfefferkörner, 6 Senfkörner, 2 Lorbeerblätter, 1 kg Kartoffeln

Den Schweinekamm in vier gleiche Teile portionieren und in dem heißen Öl von allen Seiten etwas anbraten, salzen und pfeffern. Die in Scheiben geschnittenen Zwiebeln und Äpfel dazugeben. Nach einigen Minuten mit der Brühe ablöschen. Pfefferkörner, Senfkörner und Lorbeerblätter zufügen und etwa 50 Minuten im Backofen im gut geschlossenen Topf garen. 20 Minuten vor Ende der Garzeit die geschälten und in Scheiben geschnittenen Kartoffeln zugeben.

Schweinekarree mit Backpflaumen und Äpfeln

Luumuilla täytetty possupaisti
Finnland

Werden im Land der tausend Seen und der unermeßlichen Wälder die Tage kürzer, bekommt man allenthalben eine Besonderheit vorgesetzt. Schweinekarree mit Äpfeln und Pflaumen ist eine kräftige und zugleich wohlschmeckende Mahlzeit, zu der ein Bier ganz vorzüglich paßt. Als Abschluß serviert man einen Beerenlikör und Kaffee. Sollten Reste übrigbleiben, können Sie diese am nächsten Tag auch kalt reichen.

1,5 kg Schweinekamm, 160 g Backpflaumen, 2 Äpfel, Salz, frisch gemahlener weißer Pfeffer, 1 Prise Nelken, 1 Prise Rosmarin, 35 g Butterschmalz, 1/4 Liter Brühe, 1/8 Liter saure Sahne

In das Fleisch längsseitig eine Tasche schneiden oder gleich vom Metzger vorbereiten lassen. Die Backpflaumen etwa 1 Stunde einweichen, dann entsteinen. Die Äpfel schälen, vom Kerngehäuse befreien und würfeln. Backpflaumen und Äpfel in die Fleischtasche füllen, dabei einige Pflaumen zurückbehalten. Tasche zunähen oder zustecken. Das Fleisch mit den Gewürzen einreiben. Butterschmalz in einer Kasserolle zerlassen, das Fleisch von allen Seiten anbraten. Brühe angießen, Kasserolle zudecken und im Backofen bei 180 °C etwa 1 1/4 Stunden garen. Währenddessen die restlichen Backpflaumen in dem Einweichwasser kochen. Den Braten herausnehmen und warm stellen. Den Bratenfond mit dem Pflaumenkochwasser löschen, einkochen lassen und mit saurer Sahne verfeinern und abschmecken. Die Sauce mit den restlichen Backpflaumen zu dem Fleisch servieren.

LAPPONIA
LAKKA
WILDBEEREN-LIQUEUR
25 % vol MARLI, TURKU, FINLAND

Seemannsgericht

Sjömansbiff
Schweden

Im 16. Jahrhundert wurde auf den Werften Stockholms eine Kriegsflotte gebaut, die unter Führung von König Gustav I. Vasa Schwedens politische Großmachtstellung mitbegründete. Auch die Handelsflotte profitierte von diesem Aufschwung und machte der Hanse den Handel im Ostseeraum streitig. Noch heute kann man ein königliches Kriegsschiff aus dieser Zeit bewundern. Es ist die Vasa, die nach dem Stapellauf im Jahre 1628 kenterte und erst 1961 unversehrt gehoben werden konnte.
Von Seeleuten erfunden und für Seeleute gedacht ist auch diese mehrere Jahrhunderte alte Spezialität. Ob sie allerdings auch in früheren Zeiten so reichhaltig ausgefallen ist, mag bezweifelt werden. Das Bier als Zutat dürfte aber wohl kaum gefehlt haben.

600 g Rindfleisch (Blume oder Schwanzstück), 3 EL Öl, 1 EL Butter, Salz, Pfeffer, 3 Zwiebeln, Fett für die Form, 700 g Kartoffeln, gut 1/2 Liter Bier, frische Kräuter (Petersilie, Basilikum, Liebstöckel)

Das Fleisch in 4–5 cm große Stücke schneiden. Öl erhitzen, die Butter zufügen und das Fleisch anbräunen, salzen und pfeffern. Die in Ringe geschnittenen Zwiebeln zufügen. In eine feuerfeste, eingefettete Form in Scheiben geschnittene Kartoffeln füllen, Fleisch und Zwiebelringe darüberschichten, mit Kartoffelscheiben abdecken, nochmals salzen und mit Bier übergießen. Zugedeckt im vorgeheizten Backofen bei 200 °C 1 Stunde schmoren. Mit frischen Kräutern bestreut servieren.

Smørrebrød

Belegte Brote
Dänemark

Das *smørrebrød* ist eine der liebenswürdigsten dänischen Kreationen.

Glasbläserhering (siehe S. 100) mit roten Zwiebelringen und eingelegten Gurkenscheiben auf mit Salatblatt belegtem Roggenbrot

Schwarzbrot belegt mit dünnen Apfelscheiben, darauf Matjesfilet, Zwiebelringe und Dillzweige

Geräucherter Lachs mit Dillzweig und Sahnemeerrettich auf Weißbrot

Roggenbrot belegt mit Salatblatt, Bücklingsfilet und Rührei. Mit frischen Gurkenscheiben und Dill garniert

Dänische Krabben mit Mayonnaisetupfer, Brunnenkresse und Zitronenscheibe angerichtet auf Weißbrot

Avocadoscheiben auf Roggenmischbrot, in Cocktailsauce angemachte Krabben, belegt mit einer Zitronenscheibe

Gekochte Muscheln auf Salatblatt mit Brunnenkresse, Radieschenscheiben und Zitronenscheibe auf Schwarzbrot

Geräucherter Aal auf Schwarzbrot mit Rührei und feingeschnittenen Schnittlauchröllchen

Weizenvollkornbrot belegt mit Salatblatt, gebratenem Schollenfilet und Remouladensauce sowie Zitronenscheibe

Heller und dunkler Kaviar auf hartgekochten Eischeiben, garniert mit Zitronenschnitz und angerichtet auf getoastetem Weißbrot mit grünem Salat

e 70 cl

Smørrebrød

Belegte Brote
Dänemark

Smørrebrød gibt es als Kompositionen von Fischen, Krusten- und Schalentieren, Fleisch, Gemüse, Salaten, Obst und Käse auf dünn geschnittenen Brotscheiben.

Zu einer Tüte gerollter dünner Schweinebraten, gefüllt mit Heringssalat (siehe S. 100) und garniert mit Petersiliensträußchen auf mit einem Salatblatt belegten Schwarz- oder Mischbrot

Gekochte Putenbrust und Melone auf Weißbrot in Scheiben fächerartig angerichtet, garniert mit blauen Weintrauben

Roggenbrot mit angemachtem Tatar belegen, Vertiefung eindrücken, 1 Eigelb hineingeben. Mit kleingehackten Zwiebeln, Kapern, Gewürzgurken und roten Beten umkränzen

Spargelspitzen in gekochte Schinkenscheiben gerollt, mit Remouladensauce und Brunnenkresse garniert auf Weizenmischbrot

Schweinekrustenbraten mit Apfelscheiben und Backpflaumen auf mit Schmalz bestrichenem Roggenbrot

Knäckebrot belegt mit luftgetrocknetem Schinken, Selleriesalat und einer Tomatenscheibe

Gebratener dänischer Camembert auf Vollkornbrot mit Preiselbeerkonfitüre

Nußbrot belegt mit Danablue-Käse, garniert mit Melonenkugeln und blauen Trauben

Hüttenkäse auf getoastetem Weißbrot mit Obstsalat. Man kann den Ostsalat auch in einem gesonderten Schälchen reichen

Spandauer

Spandauer
Dänemark

Niemand könnte heute mehr sagen, warum dieses Gebäck ausgerechnet Spandauer genannt wird. Genügt es nicht, daß es eine der leckeren Varianten ist, die aus dänischem Blätterteig gebacken werden? Zumal Kopenhagener Gebäck meistens mit einem phantasievollen Namen aufwartet. So gibt es noch *skrubber og kamme,* Schrubber und Kämme, *æblekamme eller hanekamme,* Apfelkämme oder Hahnenkämme, oder *trekanter,* Dreiecke.

1/3 wienerbrødsdej (siehe S. 19), 3 EL Himbeerkonfitüre oder 3 EL Johannisbeergelee, Vanillecreme, Mandelblättchen oder gehackte Nüsse, 1 Eigelb zum Bestreichen, 1 EL Butter, 1 EL Mehl, Schokoladenkuvertüre

Den Teig zu einem Rechteck ausrollen. Daraus Quadrate von etwa 10–12 cm Seitenlänge schneiden. Die Ecken zur Mitte schlagen und festdrücken. In die Mitte der Quadrate 1 TL Konfitüre oder Vanillecreme geben und mit Mandelblättchen oder Nüssen bestreuen. Dann das Gebäck mit dem Eigelb bestreichen.

Backblech leicht einfetten, wenig mehlen und die Teigquadrate mit reichlich Abstand auf das Blech setzen. 15 Minuten aufgehen lassen. Im vorgeheizten Ofen bei 180–200 °C etwa 20–25 Minuten goldbraun backen. Zum Abkühlen auf ein Gitterrost geben und in die Mitte der Spandauer die Schokoladenglasur streichen.

Steckrübensuppe

Lanttusoppa
Finnland

Klima und Bodenverhältnisse engen in Finnland das Angebot an Gemüsesorten erheblich ein. Als Ausgleich bietet die Küche aber reichhaltige Fisch- und Fleischgerichte.
Völlig verschwunden war die Steckrübe nie vom finnischen Speisezettel. Und berechtigterweise spielt sie in der modernen Küche wieder eine bedeutsame Rolle. So manch einer wird über den ausgezeichneten Geschmack dieser Steckrübensuppe sehr erstaunt sein.

1 Zwiebel, 1/2 Steckrübe, 3 EL Butter, 2 EL Mehl, 1 Liter Fleischbrühe, Salz, frisch gemahlener weißer Pfeffer, Muskat, 1/4 Liter süße Sahne, 1 Bund Petersilie, 4 EL geriebener Käse

Zwiebel und Steckrübe in kleine Würfel schneiden und in der zerlaufenen Butter andünsten. Mit Mehl bestäuben und mit Fleischbrühe ablöschen. Würzen und in etwa 25 Minuten gar kochen. Vor dem Servieren die Sahne, gehackte Petersilie und den Käse in die Suppe geben und nochmals abschmecken.

Verschleiertes Bauernmädchen und Zitronencreme

Bondepige med slør og Citronfromage
Dänemark

Die dänischen Bauernmädchen tragen zwar keinen Schleier, aber vielleicht erinnert die Schlagsahnehaube an einen Schleier, unter dem sich ein süßer Inhalt verbirgt.

Verschleiertes Bauernmädchen: *60 g Butter, 50 g brauner Zucker, 250 g geriebenes Roggenbrot, 50 g geriebene Schokolade, 250 g Apfelmus, 100 g Himbeerkonfitüre oder 250 g frische Himbeeren, etwas Vanillezucker, 1/4 Liter süße Sahne, Schokoladenspäne zum Bestreuen*

In der zerlassenen Butter Zucker und geriebenes Brot unter ständigem Rühren rösten. Etwas abkühlen lassen, mit Schokolade vermischen. Schichtweise Brotkrumen, Apfelmus und Konfitüre oder Früchte in eine Glasschüssel füllen. Die letzte Schicht sollten Brotkrumen sein. Gut kühlen, vor dem Auftragen mit geschlagener, mit Vanillezucker gesüßter Sahne bedecken. Mit Schokoladenspänen bestreuen.

Zitronencreme: *4 Eier, 150 g Puderzucker, abgeriebene Schale von 1 unbehandelten Zitrone, Saft von 3 Zitronen, 4 Blatt Gelatine, 1/8 Liter Apfelsaft, 1/4 Liter süße Sahne*

Eier trennen, Eigelb und Puderzucker schaumig rühren. Zitronenschale und Zitronensaft zufügen. Gelatine in kaltem Wasser einweichen, ausdrücken und im erwärmten Apfelsaft auflösen. Nach dem Abkühlen zur Creme geben. Steifgeschlagenen Eischnee und die Hälfte der geschlagenen Sahne unterziehen, 1 Stunde kühl stellen. Mit Sahne garnieren.

Rahmwaffeln und knusprige Waffeln

Vafler/våfflor
Norwegen/Schweden

Rahmwaffeln sind eine norwegische Spezialität. Sie schmecken ausgezeichnet zum Nachmittagskaffee. Die Schweden lieben mehr die dünnen knusprigen Waffeln.

Für etwa 8 Rahmwaffeln: *2 Eier, 80 g Butter, 1 EL Zucker, das Ausgeschabte von 1 Vanilleschote, 160 g Mehl, 1/4 Liter saure Sahne, 1 Prise Salz*

Die Eier trennen, Butter, Zucker, Vanille und Eigelb schaumig rühren. Das gesiebte Mehl, die saure Sahne und eine Prise Salz dazugeben. Das Eiweiß schlagen, bis ein Schnitt mit dem Messer sichtbar bleibt, dann unter die Masse ziehen. Das Waffeleisen erhitzen, falls nötig einfetten und etwas Teig in die Mitte des Eisens geben. Deckel schließen und einige Minuten backen. Entweder die Waffeln mit Puderzucker bestreuen oder Marmelade dazu reichen.

Für etwa 8 knusprige Waffeln: *1/8 Liter kaltes Wasser, 160 g Mehl, 60 g Butter, 200 ml süße Sahne, 2 TL Zucker, das Ausgeschabte einer Vanilleschote*

Das Wasser mit dem Mehl verrühren. Die geschmolzene und abgekühlte Butter und die geschlagene Sahne zugeben. Mit Zucker und Vanille abschmecken. Im vorgeheizten Waffeleisen die Waffeln nacheinander ausbacken. Mit Konfitüre oder Früchten und geschlagener Sahne servieren.

Weihnachtsschinken

Julskinka
Schweden

Das Weihnachtsfest wird bei allen schwedischen Familien am Vorabend – dem Heiligen Abend – gefeiert. Wie dem geschmückten Weihnachtsbaum mit den brennenden Kerzen, so wird auch dem Weihnachtsmenü von alters her eine große Bedeutung beigemessen. Der traditionelle, schwach gesalzene Weihnachtsschinken gehört dazu. Er wird nicht selten mit Rotkraut und Apfelmus gereicht. Als Glanzstück des *smörgåsbords* serviert man ihn kalt auf einer Platte, schneidet ihn zur Hälfte auf, garniert ihn mit Apfelsinen und Weintrauben.

Für etwa 10 Personen:
1 gepökelter Schinken (etwa 3–4 kg), 1–2 Lorbeerblätter, 3 Nelken, 4 Pfefferkörner, 1 1/2 EL mittelscharfer Senf, Piment, 1 Ei, 1 EL Zucker, Paniermehl

Den Schinken über Nacht wässern. Etwa 4 Liter frisches Wasser mit Lorbeerblättern, Nelken und Pfefferkörnern zum Kochen bringen. Den Schinken hineinlegen und so viel Wasser nachgießen, daß der Schinken gerade bedeckt ist. 3 1/2–4 Stunden, je nach Größe des Schinkens, kochen. Danach die Schwarte abziehen und mit dem verquirlten, mit Senf und Piment gewürzten Ei bestreichen. Zucker und Paniermehl vermengen und auf den Schinken geben, etwas andrücken. Auf den Rost des auf 200 °C vorgeheizten Backofens legen und braten, bis die Kruste goldgelb und knusprig ist.

Gebräunte Weißkohlsuppe

Brynt vitkålsoppa
Schweden

Die echte schwedische Küche wird *husmanskost,* Hausmannskost, genannt. Diese deftige Weißkohlsuppe gehört in den kalten Monaten zu den beliebten Kohlgerichten. Ihrem bäuerlichen Ursprung verdankt sie Einfachheit und Nährwert. Viele Schweden besinnen sich heute wieder auf dieses traditionelle Essen ihrer Vorfahren.

1 kg Weißkohl, 1 Zwiebel, 40 g Butter, 1 EL brauner Zucker, 1 1/2 Liter Fleischbrühe, 1 Schinkenknochen, Salz, Pfeffer, 1 TL Kümmel, 4 Würstchen (nach Belieben)

Die Außenblätter des Weißkohls entfernen. Den Kohlkopf vierteln, den Strunk herausschneiden und den Kohl feinstreifig schneiden. Die gehackte Zwiebel in der Butter andünsten. Den Weißkohl dazugeben und Farbe nehmen lassen. Zucker zufügen, nach einigen Minuten mit der Brühe ablöschen. Den Schinkenknochen mitkochen lassen und mit den Gewürzen abschmecken. Die Kochzeit beträgt etwa 40 Minuten. Gern läßt man Würstchen einige Minuten mitsieden.

Gefüllte Zwiebelröllchen

Lökdolmar
Schweden

Frisches Gemüse ist wegen des langen Winters in den skandinavischen Ländern oft nicht sehr reichhaltig verfügbar. Man behilft sich daher gern mit lagerfähigen Gemüsesorten wie Kohl und Rüben. Aber auch die Gemüsezwiebel, reich an Vitaminen und Mineralstoffen, ist sehr gesund und beliebt.

Für 4–6 Personen:
2–3 große Gemüsezwiebeln à 200–250 g.
Für die Füllung: *1 feingehackte Zwiebel, 20 g Butter, 1 gekochte Kartoffel, 3 EL Paniermehl, 300 g mageres Hackfleisch vom Rind, 2 EL süße Sahne, weißer Pfeffer, Salz, einige Tropfen Worchestershiresauce (nach Belieben), 1 Ei, 1 kleines Bund gehackte Petersilie.*
40 g Butter, 30 g Paniermehl

Die Gemüsezwiebeln schälen und in Wasser etwa 40–45 Minuten mehr ziehen als kochen lassen. Abkühlen lassen.

Für die Füllung: Die Zwiebel in der Butter glasig dünsten. Die zerdrückte Kartoffel und sämtliche anderen Zutaten hinzufügen und vermischen.

Von den Gemüsezwiebeln die Schichten einzeln ablösen und jeweils etwas von der Fleischmasse darauf verteilen. Die Enden übereinanderlegen und mit der übereinandergeschlagenen Seite nach unten in eine gebutterte, feuerfeste Form geben. Mit zerlassener Butter begießen, Paniermehl darüberstreuen und im auf 200 °C vorgeheizten Ofen etwa 20 Minuten überbacken. Das Paniermehl sollte knusprig und goldgelb sein.

Die gefüllten Zwiebelröllchen serviert man als Vorspeise, zum *smörgåsbord* und in größerer Anzahl mit Kartoffelpüree als Hauptgericht.

Die Rezepte nach Gruppen

Soweit in den Rezepten nicht anders angegeben,
sind die Zutaten für vier Personen berechnet.

Vorspeisen und Salate

Suppen

Fisch und Meerestiere

Wild und Geflügel

Fleischgerichte

Gemüse und sonstige Beilagen

Desserts, Grützen, Gebäck und Getränke

Die Rezepte alphabetisch

Die Rezepte nach Ländern

Dänemark

Norwegen

Schweden

Finnland

Bildquellen

Bavaria/Buchholz: 37
Bilderberg/Klaus Bossemeyer: 20, 25 (beide)
Bilderberg/Klaus D. Francke: 5
Bilderberg/ Wolfgang Kunz: 11 o.
Bilderberg/Gert Wagner: 9, 24 o., 24 u.r.
Focus/Urs F. Kluyver: 28 o.
Focus/H. W. Silvester: 34
Focus/Snowdon/Hoyer: 12 u., 28 u.
Focus/Erich Spiegelhalter: 6 (beide)
Foto W. Klammet-Mochel: 26
Wulf Ligges: 2, 24 u.l.
Sirius Bildarchiv/Hans Joachim Döbbelin: 11 u., 19, 38–201 (alle)
Erich Spiegelhalter: 32
Visum/Françoise Saur: 29
Zefa/F. Damm: 14
Zefa/Trobitzsch: 12 o.